Why
Liberalism
Failed

自由主义为何失败

[美] 帕特里克·德尼恩
———— 著

梁乃夫 林泽正
———— 译

Patrick J.
Deneen

 NEWSTAR PRESS
新 星 出 版 社

WHY LIBERALISM FAILED by Patrick J. Deneen
@ 2018 by Patrick J. Deneen
Originally published by Yale University Press
Simplified Chinese edition copyright: 2024 New Star Press Co., Ltd.
All rights reserved.
著作版权合同登记号：01-2024-5076

图书在版编目（CIP）数据

自由主义为何失败 /（美）帕特里克·德尼恩著；
梁乃夫，林泽正译. —— 北京：新星出版社，2024.11.
ISBN 978-7-5133-5792-0

Ⅰ. D261.2

中国国家版本馆 CIP 数据核字第 2024Y60V89 号

自由主义为何失败

[美] 帕特里克·德尼恩 著；梁乃夫 林泽正 译

责任编辑 孙立英
责任校对 刘 义
责任印制 李珊珊
装帧设计 冷暖儿

出 版 人 马汝军
出版发行 新星出版社
（北京市西城区车公庄大街丙 3 号楼 8001 100044）
网　　址 www.newstarpress.com
法律顾问 北京市岳成律师事务所
印　　刷 北京天恒嘉业印刷有限公司
开　　本 910mm x 1230mm　　1/32
印　　张 8
字　　数 158 千字
版　　次 2024 年 11 月第 1 版　　2024 年 11 月第 1 次印刷
书　　号 ISBN 978-7-5133-5792-0
定　　价 49.00 元

版权专有，侵权必究。如有印装错误，请与出版社联系。
总机：010-88310888　　传真：010-65270449　　销售中心：010-88310811

献给英奇

目 录

- 01 前言
- 05 新版序言
- 18 序言
- 21 致谢

- 1 导论 自由主义的终结
- 21 第一章 不可持续的自由主义
- 43 第二章 个人主义与国家主义的联合
- 65 第三章 反文化的自由主义
- 93 第四章 技术剥夺自由
- 115 第五章 反对人文学科的自由主义
- 139 第六章 新贵族制
- 163 第七章 公民身份的退化
- 189 结论 自由主义之后的自由

- 208 参考书目
- 220 译后记

中世纪基督教的首要原则与日常生活间的鸿沟是中世纪的巨大隐患。这正是遍布于吉本（Gibbon）的历史著作中的问题，他怀着一种既有意又恶意的轻率去对待这一隐患，每每将在他看来似乎是基督教理想的伪善都斥责为对人类自然功能的违忤……

骑士精神，这一在统治阶层占主导地位的政治理念，在理想与现实之间留下了丝毫不亚于宗教的巨大鸿沟。理想是对由武士阶层所维持、在圆桌构想中得以阐述的秩序的幻想，是自然的完美形式。亚瑟王（King Arthur）的骑士为正义铤而走险，对抗毒龙、妖孽和邪恶之徒，在一个荒蛮之地建立秩序。于是，他们现实的对应者在理论上被假定为要充当信仰的捍卫者、正义的支持者、被迫害者的守护者。但实际上，他们自身即是压迫者。到14世纪，剑客的暴力行为和无法无天已经变成了混乱的主因。当理想与现实间的鸿沟变得太宽时，体系便会被打破。传奇故事一直在反映这一点：在亚瑟王的传奇故事中，圆桌被从内部粉碎。宝剑重返湖底，① 努力重新来过。人有可能充满暴力，富于破坏性，贪婪无度，易犯错误，却始终保留着对秩序的幻想，并重新开始其寻找。②

——巴巴拉·W. 塔奇曼：《远方之镜：动荡不安的14世纪》

---

① 根据亚瑟王传奇，亚瑟王在圣湖，从湖中仙女处得到了一把圣剑。在最后一战——卡姆兰之战中，亚瑟王身受重伤，临终前，他命令幸存的最后一位圆桌骑士将自己的圣剑投入湖中，归返湖中的仙女。——译者注
② 译文引用自巴巴拉·W. 塔奇曼：《远方之镜：动荡不安的14世纪》（Barbara Tuchman, *A Distant Mirror: the Calamitous 14th Century*），邵文实译，前言第8—9页，中信出版社，2016年。——译者注

前言

耶鲁大学出版社推出的"政治与文化"系列丛书讨论了自治政府的问题。这一包括美国在内的西方以及世界上诸多国家的特征与荣耀，如今正在罹患疾病。那些意识到这种疾病的人并未就这种疾病是什么，以及应当如何治疗达成共识。这种分歧随着时间流逝不断加深，并成了疾病的一部分。在 21 世纪初期，自由民主制——这一结合了多数决原则和个人权利的制度，已陷入合法性危机中。在过去几十年的实践中，作为一种主导性的国际规范，自由民主制没能履行它对于许多民众的承诺——这些民众正越来越多，越来越团结，声量越来越大。

我们很容易观察到这种疾病的症状：财富分配越发不平等；从民间组织到工会再到家庭，所有传统组织都在衰退；所有领域的权威——政治的、宗教的、科学的、媒体的，甚至是来自公民自身的权威，都在失去人们的信任；实现普遍公平正义的理想如今被代之以因幻想破灭而造成的失望。除此以外，或许还有在那些想要更加开放、更具实验性的社会的人和那些想要保守各种传统社会组织与生活方式的人之间，持续不断的观念极化。社会分裂不仅在持续，还在加剧。随着人们被归入新的社会与政治群体，选举结果令学者们疑惑又沮丧，并使极化更加剧烈。叶芝的诗句"中心难以为继"（the center cannot hold）依然适用于如今这个支离破碎的社会，正如一个世纪前他写下这句诗时的情况。在特朗普时代，我们甚至找不到社会的中心在哪里，也不知道如何重新找到并回到这一中心。

帕特里克·德尼恩的《自由主义为何失败》是这一系列的第二部作品，它立足于自由主义自身的合法性危机。德尼恩对自由主义的定义不像美国学术界主流观点那样狭窄，即将其仅仅定义为持有进步主义观念的大政府或贴心政府（取决于你的立场）。他使用的定义让政治哲学家感到更加熟悉，是一个更为宽泛的定义，包括当今世界上自由民主制建基于上的一系列原则。《自由主义为何失败》汇聚了当下诸多来自学术界、政治界和大众舆论对自由主义的不满。作者对自由主义的基础提出了勇敢的、广泛的批评，这一根基可以追溯到启蒙哲学家伊曼努尔·康德关于个人自治的理论。我在此有意用了"根基"一词。德尼恩是一位对自由主义批判得十分激进的评论家，他认为自由主义需要的不是改革，而是退出历史舞台。自由主义的问题不在于它遭到了歪曲，而在于它关于个人自治的观点从一开始就是错的，过去数十年的学术成果只不过使这一错误更加显著。

此前的学者也曾对自由主义提出尖锐的批评。有些批评来自左翼，比如马克思及其传承者，包括法兰克福学派，以及福柯等后现代主义思想家。有些批评来自右翼，比如尼采、施密特以及天主教和其他宗教中的传统主义者。米尔班克①和侯活士②的批评立场则不好判断。这些批评不可避免地激起了来自其他学者和知识分子的强烈反应，而这正是激进批评的用意——打断占据主导的学术话语，挑战它对批评话题的吸收和转移。由此，人们可以思考一些关于现存经济、政治和社会组织及其实践的更基础性的问题。

持各种主张的读者都会发现，本书不仅挑战了他们的观念，而且挑战了许多为他们所珍视的关于政治与政治秩序的构想。本书之所以被认为是颠覆性作品，不仅是因为它将现存社会弊病同自由主义的基本原则联系起来，也是因为它难以被归入传统的左—右政治光谱中。本书中的许多内容会令社会民主主义者感到满意，而激怒那些自由市场的鼓吹者；也有许多内容会鼓舞那些传统主义者，而令进步主义者感到不满。也许一些读者会执意要将本书的观点归入他们熟悉的某些政治门类，甚至为了方便归类而忽略其中某些批评。但他们最好抵制住这种诱惑，因为这正是我们这个两极分化时代的一种病症，也是德尼恩的观点尤其值得

---

①达纳·米尔班克（Dana Milbank），美国保守派作家，《华盛顿邮报》专栏作者。——译者注
②侯活士（Stanley Hauerwas），美国神学家，伦理学家，杜克大学教授，福音主义左派代表人物。——译者注

我们倾听的原因。

丛书编辑
詹姆斯·戴维森·亨特（James Davison Hunter）
约翰·M. 欧文四世（John M. Owen IV）

新版序言

许多读者告诉我,《自由主义为何失败》一书的出版非常及时。作为一部政治理论作品,本书能获得这样的反馈,部分是因为它的优点——但愿如此!但毫无疑问,更大一部分原因要归功于目前全世界范围内突如其来的对自由民主制缺陷的不安。本书意外地迎合了一种仅仅是其出版前一年还无法想象的需求:当所谓"历史的终结"(the End of History)再也不是必然时,对于自由主义的衰落需要进行深层次的阐释。仅仅出版一周后,本书便在美国几家顶级报刊上获得了评价和讨论,包括来自自由主义喉舌《纽约时报》的两篇专栏文章与一篇评论。

和其他人一样,我对这种社会反应感到震惊。这部分缘于在过去十多年里,我已经在学术期刊、杂志和互联网上反复地表达过本书的观点。直到认为自己对这些问题的观点已经足够成熟时,我才开始写作本书,完全无意针对任何具体政治事件。然而,它的出版却意外地赶上了英国脱欧、特朗普当选,以及欧洲一系列民粹主义政党在选举中获胜等事件。这自然是巧合,但归根结底并不令人意外。然而，被问到如何评论这些相关事件的次数，还是比我预想的要多。

本书在写作中有意模仿了古典作者对"政权逻辑"的探索，这种类型探索的历史可以上溯至柏拉图的《理想国》(Republic)。而本书的一个更直接的前身与模板，则是托克维尔（Alexis de Tocqueville）的《论美国的民主》(Democracy in America)。我希望能够唤起美国国内对自由主义的失败的关注，而由于自由主义体制下民众们尚且满足于自由主义显而易见的成功，这种失败不太容易引起注意。因此，我格外惊讶于本书收获的回应：我原本只期待获得少数政治理论家的回应与批评，而非如此众多希望寻求理解自由主义如今已经显而易见的失败的读者。

本书出版后引发了诸多讨论，许多人问我本书的分析与当代政治有何关系，这些问题引导我从三个方向延展了自己的分析。首先，当人们问我如何看待如今的先进民主国家中民众明确感受到的挫败感时，我重申了本书开篇的观点，即自由主义对于个人自由的片面强调反而使许多民众丧失了自由。其次，关于当代民粹主义的起源与本质是什么这一问题，我的回答是，自由主义创造一种"新贵族制"的努力催生了感到不满的民众重新夺回政治控制权的尝试。最后，当被问到从非法移民到跨性别等一系列问题所引发的社会不满的源头时，我指出，这些问题与其他许多问题一样，都源自自由主义对一种**无边界自由**（borderlessness）的追求，但许多民众并不接受它。尽管在本书中我详细讨论了这三个问题，但鉴于我是如此频繁地被问到这些问题，故在此做一简要分析。

自主个体的约束

"自由"是一个有着古老历史的词语，但自由主义的历史却要短得多，一般认为只有几百年。它起源于对自由状态与原意几乎完全相反的重新定义。在古典思想与基督教思想中，自由是一种自治的状态，对个体或者政治共同体而言都是如此。自治是一件困难的事，它需要持续不断地培育美德，尤其是对诸多欲望进行自我节制。由此，自由的实现需要对个人选择施加限制。这种限制主要不是通过明确的立法来实现的——虽然法律也占有一定位置，而是通过以习俗形式呈现的、广泛存在的社会规范。这就是为什么托马斯·阿奎那(Thomas Aquinas)会将习俗视为法律的一种形式，而且通常优先于成文法，因为习俗代表了人们长期以来的共识。

自由主义将自由重构为这种古老观念的对立面。它将自由理解为最大限度地从外界束缚——包括习俗规范——中解放出来。在它看来，自由所能受到的唯一约束，只能是维持秩序所必需的强制性法律，除此之外个体不受任何约束。自由主义由此用一个充满法律法规的世界取代了原本由习俗规范的世界。讽刺的是，随着人的行为在社会层面上不受约束，国家职能却通过立法与管制活动的扩张而越发扩大。"自由帝国"越扩张,国家管控也就越强。

同样的过程也可以在经济领域看到:为了在经济世界中实现个人选择的至高无上,必须消除市场中的一切人为边界。"市场"曾经只是城市内一个明确受限的地方,现在却变得无边无际。自由主义的逻辑要求国家与市场近乎无限地扩张。大规模的国家建构与全球化经济都诞生于个体自由的名义之下,又用被冠以"自由"之名的体系让个体变得无权,最终被彻底征服。

如今,在自由民主体系下,以选举形式体现出的不满情绪,同时直接针对庞大的经济力量,以及距离我们遥不可及且不受控制的政府。当下的自由主义者们谴责这些"民粹主义"反应,但它们只不过是对政治和经济领域里的"不可治理性"(ungovernability)的一种回应,反映了一种自下而上的希望重新掌控日益行政化的政府和日益本土化的经济的努力。尽管自由主义者们谴责其为"反民主行为",但事实上,民粹主义的所有问题,包括易受暴民控制,都体现了一种将中央集权国家与全球化市场的控制权重新夺回民众手中的民主冲动。自由主义者对其感到担忧,恰恰是因为它是由民众驱使的。

非自由主义民主

我用了一整章的篇幅来讨论自由主义对民主有生力量的招

安。自由主义试图在以社会契约论赋予民主合法性的同时，限制真正的民主实践。自由主义在其起源之时，经常以这种形式上的民主，暗中阻止真正的民主参与和民主治理。然而，在这一章中，我并没有着重强调这种扼杀民主活力的形式是如何引发抵制的。自由主义的辩护者们先是回应以"民粹主义"这个充满轻蔑意味的词，意在将这些表现了民众不满的选举结果与那些合法的所谓"民主选举"区分开来。一般来说，那些被我们称为"民主"的政策和政治家通常都遵循着自由主义原则，无论其是否真的得到了大多数人的支持。因此，民粹主义的选举结果通常被视为反民主的。这其中体现的是自由主义只想维护民主的表象，而民主已经不再维护自由主义了。

事实上，民主不可能在自由主义框架内得到充分实现。民主需要依赖那些自由主义企图摧毁的社会规范，尤其需要一个成员之间联系紧密、彼此有着共同的生活与理念的社群。随便一群互不相识的个体走进投票站，投完票，再走出来，这不能被称为民主。政治学家彼得·梅尔（Peter Mair）在他的遗作《统治虚无》（*Ruling the Void*）中描述了这些民主的前提：

> （相对）紧密的政治社群建基于紧密联系的社会群体之上，在其中，公民有着共同的源自职业、工作、生活环境或宗教信仰的社会经验，这是最重要的。这些社会共同体反过来巩固了高效而富有生机的社会组织，例如工会、教会、俱乐部，

等等。①

正如孟德斯鸠早已指出的,民主制是一种要求最高的政体,它需要公民具有美德。美德的培育需要那些能够形成与支持美德的社会组织的广泛存在,但自由主义以自由之名,正试图掏空这些社会组织。极为讽刺的是,自由主义声称其合法性来自民主,但它却使民主无法有效运行。

今天的自由主义者可以分为两类:一类试图声称,只有在自由主义理念得到维护的时候,民主制才是合法的;而另一类则准备彻底抛弃"民主是自由主义不可或缺的特征"这一守旧观点。后者人数越来越多。其中的一些人,比如《反民主》(*Against Democracy*)一书的作者贾森·布伦南(Jason Brennan),公然支持限制选举权,将民主参与最小化,并得出结论:民主制度所有显而易见的优点,都被那些违背自由主义原则的决策所抵消了。②虽然这种公开的反民主观点只在一个小众群体中很有市场,但在其他自由主义者的行为上也能体现出来:他们正鼓吹加强行政部门与法院的集权,并寄希望于行政国家抵抗可能侵蚀自由主义经济与社会目标的民主力量。

这些虽不多见,但数量在不断增长的反民主观点实际上只是

---

① Peter Mair, *Ruling the Void: The Hollowing Out of Western Democracy* (London: Verso, 2013), p. 78.
② Jason Brennan, *Against Democracy* (Princeton: Princeton University Press, 2017).

对自由主义早已长期存在的做法和制度的肯定。自由民主制下的精英统治是一种数十年前就被提出的论调,很少有作品比詹姆斯·伯纳姆(James Burnham)于1941年所发表的研究成果《管理革命》(The Managerial Revolution)对此更富洞见,此书曾影响乔治·奥威尔写作《1984》。伯纳姆描述了一场不同于马克思设想的革命:资产阶级(贵族)正在被一个新生阶级取代,这一阶级意识到,权力不在于占有不动产,而在于操纵观念与生产过程。这群新的"管理精英"会继续维持议会掌权的表象,但权力将会被集中到公开或半公开的官僚组织中。这群新的统治精英执掌着规模庞大的国家经济,整个国家(最终还有整个世界)的财富都将流经他们所控制的机构,并养肥这些精英。[1] 如今,美国人民激烈地反抗华盛顿的腐败——那附近是全国最富有的地区,在那里,那些表面上的"美国公司"毫无任何国家忠诚感。这反映出了一场从下而上反抗伯纳姆所描述的"管理精英"的革命。所谓的民粹主义革命,不如被称为反抗全球管理精英的革命。

无边界的自由主义

在"反文化的自由主义"一章中,我指出了自由主义的几个核心特征:对自然的征服,无时间感,以及无空间感。除此之外,

---

[1] James Burnham, *The Managerial Revolution: What Is Happening to the World* (London: John Day, 1941).

我可能还应该加上隐含的第四个特征：无边界感。自由主义哲学与政治的核心特征之一就是将几乎所有边界都视为专断无理，不仅政治上的边界（比如国界）如此，现存的各种差异、不同、界限与区划也一样。所有这些"边界"都被认为是对个人选择自由的专断限制，从而遭到质疑，而其中几乎没有哪个能够经受住这样的质疑，即使是那些并非任意划定但仍然发挥限制作用的边界也是如此。不管是基于历史、地理，还是自然形成的边界，在自由主义的逻辑下，都必须被抹去。

正如托克维尔所指出的，自由民主制天然倾向于蔑视"形式"。所谓形式，在其字面意义上，用于将不同形状和内容的事物从内而外分开（例如，我喝水所用的玻璃杯中就包含着形式的概念，它将水和键盘隔开）。然而，自由主义哲学却是普世的，它试图将自己的理论应用于任何时代、任何地方的任何人。尽管其在创立之初是用于论证一个国家的政治合法性（如美国《独立宣言》写道："为了保障权利，人们才在他们之间设立政府"），它的基础逻辑却最终使国家的边界都遭受了质疑，被视为不公正地割裂了自由主义的普世范畴。自由主义的最初目的是以国家的形式实现自由主义的哲学、组织、实践以及信条，而一旦这些目标达成，它便转向怀疑最初包含着它的有界限的国家。在美国，无论是古典自由主义者还是进步自由主义者都将建设自由主义国家置于其任务的核心，尤其是力求将人们对具体环境的忠诚转移到抽象的国家身上。如今的"保守主义者"和"进步主义者"的关键区别之一,在于自由主义是可能在一国范围内实现,还是必须在全世界范围内实现。双方都将自由主义视为一种普世性的哲学,区别仅在于如何最好地推进自由主义。保守主义者的主流试图借助国家工具在全世界推广自由主义,尤其是通过全球化的经济政策以及侵略性的干预主义,甚至是帝国主义军事活动。进步自由主义者们则相信民族国家终将被世界政府所取代,其在今天最好的代表就是欧盟。二者代表了自由主义的两面,但它们都已经失败了。

通过政治与经济全球化,自由主义不仅试图消灭我们一般认为的边界,也准备消除自然中存在的"边界"。自性解放革命以来,不断增长的对身份认同问题的强调,与自由主义对"形式"的摒弃同步。对于"人类",最需要消除的"形式"是性别差异,并且这个目标正由国家资助的节育、堕胎以及试管婴儿等形式迅速得以推进。那些致力于保护环境,并用技术手段操纵自然的人,也往往最热衷于以化学或生物手段消除自然存在的性别差异。[①]自由主义的逻辑最近正致力于鼓吹让人们运用医学手段,根据自我认同变更性别,以及发展方兴未艾的代孕市场,或直接推行胚胎定制。自由主义如此违背人类终极本性的"成果"之一,就是破坏了自然中最基本的边界之一,在全球范围内把女性和儿童变成了商品。自由主义的力量进一步扩张,它让一部分人享有"自由",而这靠的是剥削那些理论上可以自由选择,但实际上根本

---

① 对这一技术更详尽的描述和评价,可参见 Shulamith Firestone, *The Dialectic of Sex: The Case for Feminist Revolution* (New York: Morrow, 1970)。

没有权利的人们。所谓"自由选择"对他们只是一种新的束缚。自由主义的这一工程，也注定由于不生育子女的人数的迅速增加，以及在无权者中日益增长的不满而失败。它不可避免的逻辑导致了它可预见的政治崩溃结局。

对一些批评的回应

本书收到的批评数量和种类是如此丰富，以至于无法一一回应，但其中有两种特别值得一提。对其中每一种我都只会做简单答复，因为与其在开头过多地回应批评，不如让读者们在书中自己寻找答案。

第一种主要的批评由两种互有关联的形式组成：从政治右翼的角度，指责本书对"古典自由主义"，尤其是自由市场做出了不准确或不公正的描述，特别是我竟声称古典自由主义与进步自由主义之间存在连续性。但这些批评中的大多数读者，都同意我关于进步自由主义有害且不可持续的主张。而来自左翼的读者，则认为本书对于自由主义生活方式与性解放运动的描述是不准确和不公正的。两边的读者都指责我对那些限制人员流动与个人自由的社群抱有一种不切实际的怀旧之情。

在前言中，本系列丛书的编辑就预料到并提醒过那些已经被明确归入某个政治阵营的读者，他们"会执意要将本书的观点归入他们熟悉的某些政治门类，甚至为了方便归类而忽略其中某些批评。但他们最好抵制住这种诱惑,因为这正是我们这个两极分化时代的一种病症"。读者往往会忽视这一提醒,这也证明了"维系政权"的迫切需求。右翼自由主义和左翼自由主义之间存在一种隐藏的共生关系这一观点,将会破坏来自许多阵营的人们的共识——不仅仅是在斗争激烈的政治界。但这些人确实是殊途同归。本书试图表达这样一种观点:许多右翼反感的问题并非来自左翼,而是来自我们的深层政治共识,比如自由市场;而许多左翼反感的问题也并非来自右翼,而同样源自我们的深层政治共识,比如对社会规范,尤其是性行为与身份认同方面的规范进行破坏。跨国企业与性解放之间存在深刻的联系,是本书最具启发性而此前却被广泛忽视的发现之一。①

本书也收到了来自左右两大阵营的许多**积极**评价,其中**一些**与我对本书所受批评的回应类似。我同来自两党的,同样既批评古典自由主义,又批评进步自由主义的人们开展了许多富有成果的讨论。我在这些人身上看到了一种非凡的坦率,他们试图进一步反思自由主义体制内他们原有立场的缺陷。这种反思在年轻读者中最为常见,这对于政治理论著作来说十分少见。我相信这一鼓舞人心的信号,将会创造一种不同于如今支配美国政治的同质化自由主义的政治联盟。

另一种批评则强调,本书没能为自由主义提供一个完备的替

---

① Patrick J. Deneen, "The Power Elite," *First Things*, June 2015.

代方案，而这种批评又分为两类，一种对此感到失望，另一种则为自由主义没有可行的替代方案而感到得意。在写作结论时，我曾想过采取"现实主义"的谦卑态度，也曾尝试过展现大胆的野心，但这两种态度都没能提供一种令我满意的、详细的、即刻可行的替代方案。由于我试图抵制那种源自自由主义的、将政治视为一种只需要用恰当的工具加以完善的技术的冲动，我决定既俯下身，也抬起头。鉴于自由主义的失败未必立刻导致"自由主义的终结"，我提供了一些人们在日常生活中可以采纳的建议，这并不需要等待自由主义这种已经摇摇欲坠，但依然强有力的政治秩序的崩溃或将其推翻。

为了回应那些希望立即采取行动的人，我在本书结尾建议我们在自己生活的地方培育文化——或者如果必要的话，去那些文化规范更容易生根的地方。许多读者将我在结尾呼吁**现在**立刻去做的事误解为**未来某一天**也许会做的事，因此得出结论，我在结尾的建议就是我设想的最终政治解决方案。但事实并非如此。我只是呼吁开展新的政治理论探索，形成一种最终能够超越自由主义，结合大胆的设想与对既有成就谦逊的承认的新理论。这种政治转变大概会与过去几个世纪中自由主义哲学与政治的发展一样漫长。

但我如今相信，这种转变并不需要花费数代人之久。就在本书出版后的几个月内，自由主义秩序正变得更加脆弱，同时遭到来自右翼国家主义者与左翼社会主义者的冲击。我们无需设想一个遥远的、几乎无法想象的时代,到那时自由主义的替代者将从其业已燃尽的余烬中产生,并变得足够清晰。我们就生活在一个"史诗理论"(epic theory)成为现实的时代。① 那个自由主义依然稳固持久,而我们满足于"常规理论"(normal theory),并在既定范式下不断探索自由主义极限的漫长时代,已经结束了。当诸多大事呼唤着人们探索新的政治思想,旧范式失去其解释力时,史诗理论就变得必不可少。当写作本书的结论时,我认为自己处于一个后自由主义史诗理论正在为其登场做准备的漫长阶段中。但在短短几个月中,我目睹了美国政治秩序被极端撕裂却又无力终结对方的两党所破坏,以及欧洲自由主义秩序的加速受损。如今我认为,"史诗理论"成为现实的时间会比我们预想得更早,在我们为其做好准备之前,它就会到来。当"永恒的"罗马帝国秩序在 410 年突然被推翻时,奥古斯丁的《上帝之城》(*City of God*)就成为必需。当下需要一部划时代的著作,这一点每一天都变得愈发明显。我希望本书的年轻读者中有人能够提出一种新的、带领我们走出自由主义的方法。虽然我也希望未来能另写一部著作讨论出路和前行的方向,但现在,你手中的这本书热切希望向你解释的是,为什么这个时代的终结不仅是必然的,也是不可避免的。

---

① Sheldon Wolin, "Political Theory as a Vocation," *American Political Science Review* 63, no. 4 (1969): 1062–82.

序言

本书完成于2016年美国总统选举前三周。它的主要观点在过去的十年里便已成熟，远早于英国脱欧与特朗普参加总统竞选。我的基本观点是：我们现有文明秩序的根基——通过家庭、社群、宗教及其他支持性环境习得的规范——正无可避免地遭到自由主义社会与政治国家的侵蚀。我认为，在国家主义者治标不治本的治理下，自由主义仍会持续无情地侵蚀传统文化的规范与生活方式，自由主义的合法性危机将会迫使其支持者对越发不满的、"顽固不化的"民众强行推行自由主义意识形态。因此，自由主义将会在"盛行"的同时，变得更加赤裸裸，从而走向失败。

我认为这样的一种政治状况终将难以为继。民众对于这种越发具有压迫性的自由主义秩序的回应，很有可能是某种威权性的**非自由主义**：它承诺让民众重新掌控那些看起来已经失控的东西——政府、经济、逐渐瓦解的社会规范，以及越发混乱的生活方式。对自由主义者来说，这似乎证明了一个自由主义政权需要更强大的控制力和执行力，但他们对自由主义如何导致了其自身的合法性危机视若无睹。我并不是说这样的事情一定会在我的有生之年发生，也许我会就这个话题另写一本书。但是，我相信我最初的分析有助于我们理解当下社会的基本框架，并使我们避免过分目光短浅，只关注那些夺人眼球的新闻标题。

如今许多人都期望出现一位强势的领导人，带领民众从自由主义的官僚制政府与全球化经济中夺回权力。这源自过去数十年中，自由主义对作为自治基石的文化规范与政治习惯的破坏。家庭、社群、宗教组织与规范不断被瓦解，这在那些从自由主义的胜利中受益最少的群体中最为严重。它并没有促使那些对自由主义不满的人寻求修补这些规范的方法——这需要付出努力和奉献，而在今天的文化中，二者都在遭到贬低。许多人都在指望自由主义政权反抗它的统治阶级，大量的精力被用在了大规模抗议而非自治与协商上，与其说这反映了民主政体的新气象，不如说它反映了人们对政治的愤怒和失望。自由主义为它最糟糕的噩梦成真创造了条件和工具，但它依然意识不到自己的责任。

在本书结尾，我吁请政治哲学家们能够帮忙找到一条克服我们身上缺点——自由主义植入现代性中的革命性意识形态对我们施加的精神控制——的办法。更好的出路不在于发动任何政治革命，而是耐心地鼓励新的社群规范，使它们能够孕育出新的非个人主义政治与社会秩序。捷克学者瓦茨拉夫·哈维尔（Václav Havel）在《无权力者的权力》（"The Power of the Powerless"）中写道："一个更好的制度并不必然伴随着更好的生活。事实上，反过来说才是成立的：只有创造更好的生活，才可能发展出一种更好的制度。"① 只有一种根植于集体生活经验的**政治**，即那些属于持有共同目标，承担共同义务，在数代人的时间里有着共同的悲伤、希望与喜悦，被培育了信任与信仰能力的人的政治，才能化解我们这个时代的怀疑、疏远、敌对和仇恨。正如我的老师和好友凯里·麦克威廉斯（Carey McWilliams）在他最具洞见的文章中得出的结论："强化（我们共享的）民主生活很难，甚至令人生畏。它要求奉献与耐心，而非令人目眩的尝试。"② 奉献与耐心不是这个国家主义与个人主义并存时代的特征，但如果我们想在自由主义之后寻求一种更好的、更具确定性的状态，它们正是我们迫切所需的。

---

① Václav Havel, "The Power of the Powerless," in *Open Letters: Selected Writings, 1965–1990* (New York: Vintage, 1992), p. 162.
② Wilson Carey McWilliams, "Democracy and the Citizen: Community, Dignity, and the Crisis of Contemporary Politics in America," in *Redeeming Democracy in America*, ed. Patrick J. Deneen and Susan J. McWilliams (Lawrence: University Press of Kansas, 2011), p. 27.

致谢

这本小书的写作只用了很短的时间,却经历了数十年的思考。因此我有必要向许多人表达迟来的感激之情。

我的老师兼好友威尔逊·凯里·麦克威廉斯给予我的启发,我永远无以为报,这些启发遍布本书的每一页。面对自由主义带来的危害,他本可以写出一本好得多的著作。如果可以选择,我情愿用这本书换得哪怕仅有一次的与他边啜饮波旁威士忌,边笑着讨论世界现状的机会。

本书的最初想法酝酿于我在罗格斯大学和普林斯顿大学时,乔治·卡提卜(George Kateb)、罗伯特·乔治(Robert P. George)以及已故的保罗·西格蒙德(Paul Sigmund)与我多有慷慨的讨论,对此我十分感谢。我还要感谢美国理念与制度研究院(American Ideals and Institutions)的詹姆斯·麦迪逊研究项目及其副负责人布拉德·威尔逊(Brad Wilson),他们在2008—2009年为我提供了一次适时的资助。

本书中的许多观点成熟于我在乔治城大学的岁月,乔舒亚·米切尔（Joshua Mitchell）、詹姆斯·沙尔神父（Father James V. Schall, S.J.）、斯蒂芬·菲尔茨神父（Father Stephen Fields, S.J.），以及两个已故的朋友让·贝思克·爱尔斯坦（Jean Bethke Elshtain）和乔治·凯里（George Carey）给了我诸多启发。我尤其感谢比尔·穆马（Bill Mumma）给予我的友谊和支持。此外，对那些同我一起在托克维尔论坛（Tocqueville Forum）最光辉的岁月中使其如此特殊的学生们，我仍然心怀敬意。

在圣母大学，我收获了许多持久的友谊。我要感谢菲利普·穆尼奥斯（Phillip Muñoz）、苏珊·科林斯（Susan Collins）、约翰·奥卡拉汉（John O'Callaghan）、肖恩·凯尔西和克里斯特尔·凯尔西（Sean and Christel Kelsey）、戴夫·奥康纳（Dave O'Connor）、菲利普·贝丝（Philip Bess）、约翰·纳吉和艾丽西亚·纳吉（John and Alicia Nagy）、弗朗西丝卡·墨菲（Francesca Murphy）、约翰·贝茨（John Betz）、约翰·卡瓦迪尼（John Cavadini）、杰勒德·布拉德利（Gerard Bradley）、里克·加尼特和妮科尔·加尼特（Rick and Nicole Garnett）、杰夫·波加诺斯基（Jeff Pojanowski）、马丁·克雷默斯（Martijn Cremers）、比尔·米斯康博神父（Father Bill Miscamble）、戴维·所罗门（David Solomon）、卡特·斯尼德（Carter Snead）、格拉登·帕平（Gladden Pappin）、丹·菲尔波特（Dan Philpott）、迈克·格里芬（Mike Griffin）、安娜·莫兰和迈克尔·莫兰（Anna and Michael Moreland），以及布拉德·格雷戈里（Brad Gregory）。我尤其要感谢道德与文化研究中心和托

克维尔宗教与公共生活关系项目，圣母大学的这两个慷慨的、至关重要的研究项目都对本书的完成有所贡献。我还要感谢帮助我完成书稿的米米·特谢拉（Mimi Teixeira）。

为我提供过帮助的朋友还有很多，我希望他们能够在本书中看到我同他们的对话成果，以及我深深的感激之情。我要感谢查德·派克诺德（Chad Pecknold）、弗朗西丝·梅尔（Francis X. Maier）、罗德·德雷埃尔（Rod Dreher）、比尔·麦克莱（Bill McClay）、杰里米·贝尔（Jeremy Beer，他提出了现在这个书名）、马克·亨利（Mark Henrie）、贾森·彼得斯（Jason Peters）、杰夫·波莱（Jeff Polet）、马克·米切尔（Mark Mitchell）、布拉德·比策尔（Brad Birzer）、菲利普·布朗德（Phillip Blond）、辛迪·瑟西（Cindy Searcy）、丹·马奥尼（Dan Mahoney）、约翰·西里（John Seery）、苏珊·麦克威廉斯（Susan McWilliams）、布拉德·克林格勒（Brad Klingele），以及迈克尔·汉比（Michael Hanby）。我还要感谢拉斯蒂·雷诺（Rusty Reno）、戴维·米尔斯（David Mills）、丹·麦卡锡（Dan McCarthy）、约翰·利奥（John Leo）和斯科特·斯蒂芬斯（Scott Stephens）出版了本书部分章节的早期版本。我尤其感谢史蒂夫·瑞因（Steve Wrinn）同我多年的友谊及其提出的明智建议。

我还要感谢弗吉尼亚大学文化高等研究院，尤其是詹姆斯·戴维森·亨特和约翰·欧文最早对本书的兴趣。感谢比尔·弗鲁赫特（Bill Frucht），是他劝我将本书写得短小精悍，从而适配耶鲁大学出版社的这一系列丛书。

在本书付梓前不久，两位长期支持我的好友过世了，他们是本杰明·巴伯（Benjamin Barber）和彼得·劳勒（Peter Lawler）。希望我的老师巴伯和我珍视的对话者劳勒的在天之灵，能够在本书中看到我们之间的对话成果。他们的音容和思想都还如在眼前，并将留在每一个与他们有过交往的人的生命中。我依然非常怀念他们。

对我的妻子英奇（Inge）和我们的孩子弗朗西斯（Francis）、阿德里安（Adrian）和亚历山德拉（Alexandra），我有许多话想说，却无从表达。

由于本书历时多年才得以完成，无疑还有很多我应该感谢的人没有在此提及，但你们一定知道我指的是谁。我在此致以由衷的谢意。

导论

自由主义的终结

作为一种政治哲学的自由主义在500年前被构想出来，并在250年前被用于新生的美国的政治实践中，这是一场关于政治社会能否被建立在一个新的根基上的豪赌。自由主义将人类设想成拥有一系列自然权利的个体，他们能够追求并创造自己理想中的美好生活。自由的机会最好由一个致力于"保障权利"的有限政府提供，此外还需要自由的市场经济体系，来为个人实现野心的行动提供空间。政治合法性则根植于对"社会契约"的共同信仰，社会的新成员可以通过自由而公正的选举选出负责任的代表，来持续不断地批准和修正社会契约。有限而有效的政府、法治、独立司法、负责任的公务员，以及自由而公正的选举，是这种新政治秩序的特点。这场豪赌看起来获得了成功。

如今，大约70%的美国人认为他们的国家正走在错误的方向上。半数民众认为最好的日子已经过去了。大多数人认为自己的孩子将会生活在一个比祖辈有着更少机会、更不繁荣的社会里。任何一个政府机构的公信力都在下降，从同时来自政治光谱两侧的、对政治和经济精英的不满中，都能看到对政治的深刻怀疑。选举曾经被视为赋予自由民主制合法性的精妙安排，如今却被视为一种被操纵的、腐败的制度。显而易见的是，整个政治体系已经破碎，社会阶层间的摩擦正在加剧，这尤其体现在不断扩大的贫富差距上，体现在虔诚的教徒与世俗者间的敌对上，体现在关于美国在世界上应该扮演什么角色的分歧上。富人们集中在少数几个大城市里，并把自己保护在高墙环绕的飞地中。越来越多的基督徒把我们这个时代比作罗马帝国晚期，设想退出美国社会，重新过上中世纪式的修道院生活。这显示美国社会已经有了太多问题，一种日益强烈的声音甚至认为，我们正在见证共和体制的覆灭，被一种尚未命名的体制取代。

自由主义设计师们做出的所有承诺几乎都已经破灭了。自由主义国家控制了个人生活的几乎一切方面，民众将政府视为一种遥远而失控的力量，它通过无情地推进全球化进程而强化了民众的无力感。唯一看似真正不可侵犯的权利，属于那些有足够的财富和权力保护它们的人——但即便是他们的财产权、垄断权、对代议制机构的控制权、信仰自由、言论自由，以及作品与住宅的安全，也正在被不断发展的法律和技术所威胁。经济体系维护一种新的精英统治，它通过代际传承维系自己的优势，并被无情地区分胜利者和失败者的教育体制所强化。自由主义所宣称的理想与现实间的巨大差异，迫使人们怀疑它是否有能力缩小这种差异。

自由主义已经失败了，不是因为它没能实现自己的理想，而恰恰是因为它完全实现了自己的理想。它的失败正源于它的成功。随着自由主义原则得到充分的执行，它的内在逻辑与自相矛盾都变得越来越清晰。自由主义产生了诸多病态，这些病态既是对其主张的扭曲，也是其原则的实践结果。自由主义的诞生旨在维护平等，捍卫多元文化与信仰，保护人的尊严，以及扩大人的自由。然而在实践中，它却加剧了不平等，迫使人们变得单一和同质化，导致了物质和精神生活的退化，并且侵蚀了个人自由。它的"成果"正是那些我们本以为它能够实现的成果的反面。与其将这些不断累积的乱象视为我们同自由主义理想之间的距离，不如将这些自由主义导致的废墟看作它成功的标志。靠推行更多自由主义举措来治疗自由主义的疾病，等同于抱薪救火，这只会加剧我们的政治、社会、经济和道德危机。

现在，小修小补可能已无济于事。如果一些超出"常规政治"的基础性、变革性事件正在发生，那我们面临的就不仅仅是一场以传统白人工薪阶级的绝望呐喊和身负沉重债务的学生的愤怒为特征的、寻常的政治重组。我们可能正在见证一场系统性的失败，它源自我们长期习以为常的政治体系所依靠的政治哲学根基的破产。催生了这场长达250年的美国宪政试验的理念已经快要终结了。美国的许多开国元勋相信，他们发现了一种"新政治科学"，它可以抵抗所有政体都无法避免的衰落和灭亡，他们甚至将这种宪法秩序比作能够抵抗熵增的永动机。如今，我们有理由怀疑，美国是否已经度过了其漫长生命的青年时期，接近了那个限定了所有人生命长度的、自然的衰弱循环的末期。

自由主义之于现代美国人，就像水之于鱼。它是我们生活在其中，却意识不到其存在的生态系统。作为意识形态，自由主义率先提出，应该依照一种超验的政治原则，来改造人类生活的各个方面。一种意识形态设想重塑了我们生活的社会，在世界范围内也是日益如此。美国是第一个明确接受了自由主义哲学的国家，美国公民完全被自由主义的承诺和构想所塑造。

但是，不同于那些显而易见的威权主义政权，自由主义是一种更具伪装性的意识形态，它以隐蔽的形式改造世界。相比那些更加严酷的意识形态，自由主义更加隐秘，它假扮中立，否认在自己的统治下，存在任何偏好和塑造灵魂的意图。自由主义通过廉价的自由、娱乐与财富的吸引力来迎合民众。它使自己变得不可见，就像电脑程序在很大程度上也是不可见的——直到崩溃之时。现在，自由主义变得越发可见，越发日常化，因为它的畸形已经到了无法忽视的地步。就像柏拉图在《理想国》中借苏格拉底之口告诉我们的一样，大多数人在大多数情况下都占有一个洞穴，并相信那就是现实的全部。但对于我们占有的那个洞穴，我们所不知道的是，它的墙壁就像电影银幕一样，对我们承诺看似无限的景色，也对我们施以无形的控制。

在为数不多的几条政治铁律中，最牢不可破的一条是：所有政治意识形态都必将失败。意识形态的失败可能有两种原因：一种是因为它基于对人性的错误估计，因此失败不可避免；另一种是随着那些错误逐渐凸显，以至于这种意识形态所宣称的图景和它统治下人们的实际生活体验差距越来越大，直至政权失去合法性。此时政权就只剩下两条路可走：要么强制民众遵守那些它竭力维护的谎言，要么在宣称与现实的巨大反差中，因民众的不信任而轰然崩塌。一般来说，这两者都不可避免，只不过一早一晚。

因此，尽管自由主义已经渗透到了世界上几乎每一个国家，它对于人类自由的许诺看起来正越来越像一个笑话，而不是严肃的承诺。人类没能享受到看似触手可及的、所谓"历史的终结"带来的乌托邦式的自由，反而因自由主义的成功悲惨地背上了沉重的负担。自由主义陷入了一个自己设下的陷阱，被困在那些本该带来纯粹的自由的机制中。

我们可以从四个有关但不相连的日常生活领域中观察到这种现象：政治与政府、经济、教育，以及科学技术。在每一个领域，自由主义都以增进自由和增进我们对生活的控制的名义实施了改造。同样在每一个领域，如今都存在着广泛的愤怒和不满，因为人们越发意识到，用于所谓"解放"的工具已成了束缚我们的铁笼。

政治与政府

发达的自由民主国家的民众，已经几乎要发起对他们自己选出的政府——"建制派"领导人和议员们——的叛乱了。绝大多数人认为他们的政府是遥不可及、不负责任的，政府被富人控制，只考虑精英阶层的利益。当初，自由主义以自由的名义推翻了旧贵族阶级。然而，随着各地的旧秩序纷纷被推翻，反抗贵族统治的自由主义先辈们的后代，如今建立了一种更专断的新贵族统治。

自由主义建基于有限政府的原则之上，并希望将个人从专制中解放出来。但越来越多的民众正将政府视作一个失控的实体，而不是像自由主义承诺的那样，是听命于他们的创造物。自由主义的"有限政府"之强大足以令专横的旧贵族感到嫉妒——如此强大的、对国家经济及其他活动，甚至是对民众行为与思想的监督和控制能力，他们只敢在梦里想象。自由主义企图保护的那些权利——个人良心自由、宗教自由、结社自由、言论自由、自治权——正被政府活动向日常生活中的扩张急剧吞没。如今这种扩张仍在持续，这在很大程度上是为了回应人们在经济等诸多领域的失控感，而政府的扩张又进一步加剧了此种失控感。政府欣然采取措施，用进一步的扩张来回应民众对原有扩张的不满，从而进一步强化了民众的疏远感和无力感。

民众由此感到，他们和他们选举出的、本应"完善和放大"民众意见的代表们之间的关系越发疏远。而民选代表们在一个越发官僚化的议会体制中，同样有着相对的无力感——如今的议会中充斥着职业政客，他们的全部行事动机就是维持并争取更多的活动预算。行政部门的权力不断增长，整个官僚体系都听命于行政部门。在行政统治之下，民众监督完全流于表面。从理论上讲，立法机构的合法性本应来自民众，如今却被逐渐代之以行政部门负责人的授权，而他们获得职位靠的是大量收取捐款。[1] 自由主

---

[1] Adrian Vermuele, *Law's Abnegation: From Law's Empire to the Administrative State* (Cambridge: Harvard University Press, 2016).

义声称，它将通过选举产生的人民公仆负责任的统治，来取代遥不可及的、未经民众授权的领袖的专断统治。然而，我们今天的选举体系，看起来更像一场波将金式①的闹剧。它仅仅用于为某个政客赋予民众同意的表象，而政客们在内政、外交，尤其是开战权方面拥有无可比拟的专断权力。

如此明显的疏远感和失控感无法用一种更好、更完善的自由主义来解决，因为这样的治理危机正是自由主义秩序的产物。自由主义认为，民众定期表达的同意足够选拔出一个具备"合适品格"的统治阶级，或者就像汉密尔顿所说的那样，找出那些关心"商业、财政、协商和战争"的人。自由主义体系的设计者们希望鼓励公民们关注个人利益，却让所谓的"共和国"中充满了对公共事务一无所知的庸众（res idiotica）。共和制政体无法在"公共利益"概念完全缺席的情况下维持下去。自由主义那通过鼓励关注个人利益来达到社会和谐（modus vivendi）的信条，由于过去一个世纪中统治阶级和没有了德性的公民（a citizenry without a cives）近乎彻底脱节而宣告失败。

经济

民众的不满也体现在经济领域。公民如今更多地被称为"消

---

①波将金，俄国叶卡捷琳娜女皇统治时期的将军。为了讨好女皇，他在女皇巡视的路上修建了一批虚假的豪华村庄。从此，"波将金"成了弄虚造假的代名词。——译者注

费者",然而可以购买任何想要的商品的自由,并不能缓解人们普遍存在的经济焦虑和对日益加剧的不平等的不满。经济领袖们以为,廉价商品带来的购买力提升,能够弥补经济保障方面的缺失,以及代际传承的成功者和失败者之间的判然两途。经济不平等始终存在,将来也势必一直存在。但从来没有哪种文明如此彻底地区分了成功者和失败者,并创造了一种如此完善的机制来隔绝经济中的成功者和失败者。

马克思曾经提出,对经济活动的不满不一定来自不平等,还可能来自异化——工人失去了同他们的工作目标与劳动成果的联系。如今的经济体系不仅维系并扩大着这种异化,而且还增加了地理上的异化。全球化经济的受益者与那些被遗弃者产生了物理上的隔绝。这些受益者一边假惺惺地对经济不平等表示同情,一边谴责那些反对全球化的"落后观点"。巨富们安慰那些失败者,声称他们过得比古代的贵族更加舒适,企图用物质上的安抚来疗愈人们灵魂深处的不满。

来自大城市中心的精英们对英国脱欧和特朗普现象的反应,显示出他们十分震惊于那些靠沃尔玛满足日常生活的人似乎已经不想接受社会契约了。但他们对此束手无策:全球化是不可避免的,任何组织或个人都不可能使它停止。无论人们对经济一体化、标准化、同质化持有什么想法,都没有什么替代方案可言。全球化的代言人之一托马斯·弗里德曼(Thomas Friedman)曾经这样表达过这种不可避免:

前所未有的市场、民族国家和技术的融合是不可避免的。它将促使个人、企业和国家以前所未有的速度、程度、深度和成本融入世界，并促使世界以前所未有的速度、程度、深度和成本融入个人、企业和国家的日常活动。①

人们是否希望世界"融入个人、企业和国家的日常活动"是一个不值得讨论的问题，因为这个过程不可避免。这一经济系统既听命于自由主义，又是自由主义的引擎。它是一个弗兰肯斯坦式的怪物，有着自主的生命，它的进程和内在逻辑已经脱离了那些想要享受自由的人们的控制。我们正遭受着经济必然性的奴役，而这正是自由带给我们的"回报"。

教育

新生的一代被教导着去拥护一个他们明显恐惧的经济和政治体系。他们对未来满怀疑虑，不得不去维护一种他们并不信任却无法逃避的秩序。这一代年轻人并没有觉得他们是历史上最自由、自主性最强的一代；相反，他们感到自己像是滚石上山的西西弗斯。他们接受了长辈要求他们承担的责任，但并没有欢愉之情，只有一种别无选择的无力感。

---

① Thomas L. Friedman, *The Lexus and the Olive Tree* (New York: Anchor, 2000), p. 7.

在过去几年，我从年轻人那里收到了无数他们对自己教育经历的描述与期望，他们对自己未来的普遍看法是"无路可逃"。他们心存疑虑地加入这个无情地生产"成功者"和"失败者"的系统，还被要求把这一系统看作实现"社会公正"的载体。不难理解，即使那些"成功者"有时也会坦承，他们既是骗子，也是受骗者。正如一位学生向我描述的那样：

> 我们是求生欲催生的精英阶层成员。如果我们不爬到最顶峰，就只剩下失败的无底深渊。如果你相信人生只有登上顶峰和坠入深渊两个选项的话，努力学习并取得好成绩就是必不可少的。这是个经典的囚徒困境：不管是坐在食堂里花两三个小时闲聊，还是花时间讨论道德与哲学问题，抑或去约会，都会阻止我们把精力用在攀登顶峰上，因此会让我们落后于我们身边的人……因为人性，以及由此衍生出的制度是腐化和自私的，所以我们能依赖的只有自己。唯一一种能使我们免于失败，免于落后，以及免于屈从于自己身边那个喧嚣愚蠢的世界的方法，只能是在各方面（尤其是经济方面）只依赖自己。①

如今，先进自由主义以热切的意愿和狂暴的态度排挤着人文教育（liberal education），认为它在理论上和经济上都是不切实

---

① 来自 2018 年我在圣母大学开设的"政治哲学与教育"课堂上，一名学生对戴维·布鲁克斯（David Brooks）的文章《组织儿童》（"Organization Kid"）的回应。

际的。大多数人文社会科学教授都教育学生，要平等地尊重每一个人。但是，他们所在的学校本身，却致力于把经济前途较好的学生从那些因其在贸易、移民、国家观和宗教信仰问题上持有"落后观点"而被蔑视的人中筛选出来。这种政治观点的高度趋同，体现出如今的大学校园里存在着一种无处不在的信条，即教育应该是经济实用的，最终目标是让学生在城市里找到一份高薪工作。而城市里到处都是观念一致的大学毕业生，他们能够在享受着经济不平等为他们提供的硕果的同时，对不平等义愤填膺。各所大学争先恐后地提供现实的"学习成果"，要么接二连三地提出旨在促进毕业生快速就业的项目计划，要么调整现有的教学内容，以体现其与现实经济的关联性。在一个高度竞争性的经济全球化时代，除此之外也确实"别无选择"（no choice）。极少有人注意到，"别无选择"一词在如今的自由主义国家正越来越常见，而自由主义制度本应该带给人更多的自由选择。

在自由主义的全盛时期，我们看到了人文学科（liberal arts）的空心化。长期以来，人文学科被认为是自由人教育的基础，尤其对于那些构成自治政府根基的公民而言。如今，人们不再重视经典著作，而那些著作之所以伟大，并非因为其古老，而是因为它们教导人们如何变得自由，尤其是如何免于被无休止欲望所奴役。取而代之的是对那种曾经被视为"奴隶教育"的推崇，这种教育仅仅关心职场生活和如何赚钱，它培养出来的人都配不上"公民"之称。如今的自由主义者们谴责那种曾经将人分隔成自由人和农奴、主人和奴隶、公民和奴仆的体制,但是,即便我们靠声称"人人生而自由"而超越了我们的祖先,爬上了道德的制高点,我们现在所接受的,却也正是那种在过去专属于奴隶的教育。我们沐浴在"自由荣光"下,几乎没有人问,为什么那种为培育自由人提供基础支持的教育——人文教育,成了奢侈品。

科学技术

当今的学生都被鼓励去学习一门"有用"的学科,尤其是那些和STEM,即科学(science)、技术(technology)、工程(engineering)和数学(mathematics)有关的学科。自由主义将人们从种种束缚中解放出来的方法主要有:政治制度变革,即如今看上去已经失控的代议制;经济学,尤其是市场资本主义,它正"不可抵挡地"推行全球化;科学技术,它既是我们获得解放的最大力量之源,也是导致生态环境岌岌可危的罪魁祸首,它导致了我们人格的异化,也催生了对人类是否能够控制自身创新的深切焦虑。现代科技企图将人类从自然的"专横"下解放出来,转而驾驭或控制自然,这是一场致力于为人类提供征服自然的工具、反抗自然的战争。弗朗西斯·培根拒绝了寻求使人类本性符合自然秩序的古典论证,而是主张人类统治自然,指出"事物的本质在技艺的拷问下更容易显露出来,而不是在其自然的自由中"。

尽管我们今天已经不使用这种表述了,现代科研也收获了一些在我们眼里有益的成果,但大自然似乎还没有屈服。就像农民作家温德尔·贝里(Wendell Berry)所说:如果现代科技被看作一场"针对自然的战争",那么"这是一场全面战争,自然对我们的回击和我们对自然的征服几乎同等……而且我们看起来要输了"。[①] 我们今天称作"环境危机"的许多内容——气候变化、资源枯竭、地下水污染与过度开发、物种灭绝——都是我们将要输掉这场战争的征兆。我们声称为了应对气候变化之类的危机,需要更加尊重科学,却忽略了这场危机本身就是与文明化进程同步的、科学技术取得胜利的结果。我们如今生活在其中的这个高二氧化碳浓度的世界,正是过去 150 年生活方式的产物。直至今日,我们依然坚信我们已经实现了从自然的束缚中解放出来的梦想。我们依然毫无理由地相信科学可以在解决问题的同时,能把我们从束缚中进一步解放出来。

与此同时,我们正在被那些声称要把我们从时间、空间,甚至是身份认同的限制中解放出来的技术所改造。每个人口袋里的智能手机已经改变了我们的心智,把我们变成了一种不同的生物,迫使我们屈从于技术的要求和本性,而这种技术本应被用于表达我们的真实自我。[②] 现在我们中有多少人能够在桌前坐一小

[①] Wendell Berry, "Agriculture from the Roots Up," in *The Way of Ignorance and Other Essays* (Emeryville, CA: Shoemaker and Hoard, 2005), pp. 107–108.
[②] Nicholas Carr, *The Shallows: What the Internet Is Doing to Our Brains* (New York: Norton, 2010).

时，只用来读书、思考或冥想，而不想着看一下手机呢？这种成瘾已经不允许我们思考、反省或集中注意力了。通信技术的本意是让人们的联系更紧密，却反而让人们变得更孤独、更疏远。① 机器设备越来越多地取代人类在工作场所的角色，表面上给予了我们自由，但实际上却使我们成为技术的监护对象和助手。而且，操控自然能力的进步不可避免地引发了人类自身被重新塑造的可能性，潜在地使"人类 2.0"与那些拒绝或无法承担升级的"1.0"版本的人对立起来。②

本应被我们用来改变世界的东西正在改变我们，它把我们许多人——即便不是大多数人——变成了我们并不想成为的样子。它正逐渐把我们变成自由主义设想的，在文明、法律与政府出现之前的"自然状态"下的生物。讽刺但很可能并非巧合的是，自由主义政治力量正是依靠现代国家、经济、教育体系和科学技术的庞大组合，将我们塑造成这种史前幻想生物。这个组合把人类变成一种越来越孤立、自主、互不相关的自我化生物，人们拥有大量权利和自由，却依旧感到不安、恐惧、无力、孤独。

---

① Sherry Turkle, *Alone Together: Why We Expect More from Technology and Less from Each Other* (New York: Basic, 2011).
② Lee Silver, *Remaking Eden: How Genetic Engineering and Cloning Will Transform the Family* (New York: HarperPerennial, 1998); Mark Shiffman, "Humanity 4.5," *First Things*, November 2015.

在如今自由主义的一系列失败征兆中，我们可以看到它的成功。它根据自己的构想改造了世界，尤其在政治、经济、教育和科技领域。所有这些改造都旨在推动个体从所处环境、社会联系、所属关系中彻底解放出来，甚至身份也可以自主选择，根据意愿修改或退出。由是，个人的自主性在今日屈服于那些本应被用于解放我们的工具，我们的"解放"使我们无法抵制它们的力量：为了自由，我们别无选择，只能屈从于"必然性"的奴役。

借助这些工具，尤其是通过去个性化和抽象化，自由主义将个人从先天条件的限制中"解放"出来，实现了一种免于具体责任、义务、亏欠与社会关系的自由。推动去个性化和抽象化的两大主体是国家和市场。尽管国家和市场这两大实体正在密切配合，致力于让作为个体的我们更加一无所有，我们的政治争论依然没注意到这一点，以至于仍在声称这二者中的某一者能保护我们免受另一者的掠夺。我们似乎只能在两种据说可以保障我们的自由与安全的去个性化机制中做出选择：一种是自由市场，它收集不计其数的选择以迎合我们的需求和欲望，同时完全不要求我们考虑其他人的需求和欲望；另一种则是自由主义国家，它通过建立另一种去个性化的机制，来满足那些自由市场满足不了的需求。

这种虚假的竞争掩盖了国家和市场的真实关系，即二者一直是同步扩张的，也非这样不可。国家主义催生个人主义，个人主义呼唤国家主义。对所有希望靠投票改变问题的人来说，无论他们支持"希望和改变"①还是"让美国再次强大"②，结果都是显而易见的：自由主义事业得以推进，靠的是同时推进国家主义和个人主义。这不是因为某个政党在推行个人主义的同时没有削弱国家主义，而另一个政党则相反。事实上，两党都遵循着我们的深层政治哲学逻辑在同步运动。

通过声称要将个人从其嵌入的文化、传统、环境与社会关系中"解放"出来，自由主义按照其设想的图景将整个世界同质化了——讽刺的是，这在今天经常打着"文化多元主义"或者"多样性"的旗号。自由主义将我们从原有的社会关系中脱嵌出来，而这些社会关系虽然曾经束缚了我们，但也赋予了我们自我意识，给予了我们休戚相关、命运与共的公民意识。自由主义将个人直接暴露在"解放"的工具下，并让我们以更弱小的状态，面对那些本应解放我们，却已完全失控的事物。这体现出个人只不过是自由主义体系的工具，而非相反。

我们需要迈出的最重要一步，就是我们必须意识到，自由主义社会的疾患不能靠自由主义来治疗。要将我们从自由主义导致的不可避免的问题和失控的力量下解救出来，我们就必须摆脱自由主义本身。我们需要明白，当前时代的两种政治立场不过是同一枚硬币的两面：进步主义相信，只要我们不断朝着自由主义许

---

① "Hope and Change"，2008年奥巴马的竞选口号。——译者注
② "Making America Great Again"，2016年特朗普的竞选口号。——译者注

诺的方向迈进，自由就必将实现；而保守主义认为，无需寻求任何自由主义的替代品，只要恢复宪法的理念，美国就能重现昔日的荣光。这两种观点都是错的。

历史可以为我们提供指导，但我们不可能回到过去，昔日的荣耀也不会重现。自由主义已经无情地耗竭了难以再生的物质和道德资源，它一直都是一张空头支票。保守主义正确地意识到，进步主义的道路是走不通的；而进步主义也正确地指出，保守主义的怀旧之情不切实际。然而保守主义者和进步主义者都在推动着自由主义的议程，二者都不能为我们提供一条切实可行的新道路。

反思自由主义的自我毁灭，并不意味着我们应该简单地走向自由主义的反面，或者否认自由主义曾经实现的伟大成就。自由主义的主张一直被包含在西方政治传统的深处，尤其包含在那些企图约束暴政、专制和压迫，以保障个人自由与尊严的努力中。从这个角度讲，自由主义建基于古典思想与基督教思想在数千年实践中形成的基本理念上。自由主义包含了对自由的全新定义和对人性的新构思，其构想者本以为，这些创新能够更好地保障人的自由和尊严，尽管最终事与愿违。超越自由主义并非是要抛弃自由主义的主要追求，尤其是那些西方文明长期追求的东西，比如政治自由与人的尊严，而是要摒弃那些在一种根据错误的人类学观念、基于意识形态改造世界的过程中出现的错误倾向。

对自由主义这一意识形态的摒弃，并不必然会产生一种全新的、毫无争议的意识形态。旨在推翻一种既有秩序的政治革命只会导致悲剧和混乱。更好的取代方案应该是采取较小的、地方性的反抗形式：以实践而非理论，建设一种有韧性的新文化，来取代自由主义的反文化。

19世纪初，当托克维尔访问美国时，他注意到美国人并非依照他们那出名的个人主义、自私自利的价值观行事，而是表现得更好。"他们尊重哲学，更甚于尊重自己。"他写道。如今，我们需要的不是继续沉湎于哲学思考，而是更尊重我们自己。通过培养社群、相互关怀、自我牺牲和小规模民主的文化，培育新的、更好的自我，并使自己与他人的命运相互交融，也许可以产生更好的实践，最终也许能够形成一种比已然失败的自由主义更佳的理论。

第一章

不可持续的自由主义

自由主义的主旨便是它的名字：自由。对自由的向往深深地嵌入人们的灵魂中，而自由主义的吸引力和韧性也正来源于此。自由主义能够崛起并获得全球性的吸引力并非偶然，它对那些受苦于专制、不平等与普遍贫困的人尤其具有吸引力。其他任何一种政治哲学都不能像自由主义一样，以如此规律的、可预测的方式促进经济繁荣，保障政治稳定，增进个人自由。这也是为何在1989年，弗朗西斯·福山（Francis Fukuyama）会宣称关于政治体制的漫长争论已经结束了，自由主义就是历史的终结。

　　当然，自由主义并非人类渴望自由的开端。"自由"（libertas）是个古老的词语，捍卫并实现自由一直是古希腊和古罗马政治哲学的首要目标。西方政治传统的奠基性作品尤其关注如何限制统治者实施暴政的主张和意图，认为培育公民美德和自治是避免暴政的关键。古希腊人将自治视为连接个人与政治的纽带，只有在公民具备节制、明智、谦逊、公正等美德的情况下，二者才能互相维系、互相促进。公民具有自治的美德，才可能实现城邦的自治；而城邦只有通过法律和习俗，不断地向公民灌输美德，才能实现公民的自治。希腊哲学强调"教化"（paideia），即美德教育，它是避免暴政、保护公民自由的基础途径。尽管与这种观念并存的还有一系列不平等，比如对哲人王实施统治的呼唤，以及广泛存在的奴隶制。

随后的罗马与中世纪哲学延续了希腊人对培育美德以抵抗暴政的重视，同时也创造了更具系统性的形式，以便在监督权力运作的同时，在不同程度上吸纳正式或非正式表达的公众意见。许多我们今天会将其与自由主义联系起来的政治组织形式，实际上在几百年前便被构想和创造出来了。这其中包括宪政主义、分权制衡、政教分离、保护个人免于专制统治的权利、联邦主义、法治和有限政府。[①] 对个人权利的保护和关于个人尊严的信条，虽然并非一直被承认和实践，但依然是前现代中世纪欧洲的哲学成果。一些学者认为，现代自由主义仅仅是西方思想传统自然发展的产物和最高峰，与前现代社会并没有断裂之处。[②]

尽管这种观点有可取之处，但显而易见，认为现代社会与前现代社会存在明显断裂——尤其是产生了一种不同于其雏形的新型政治哲学——的观点更加可信。事实上，在从古典思想、基督

---

① 关于那些常被认为是近代早期自由主义传统之起源的许多政治组织形式的前现代根源，最好的著作是 Charles Howard McIlwain 的 *The Growth of Political Thought in the West: From the Greeks to the End of the Middle Ages* (New York: Macmillan, 1932)，也可以参考他的 *Constitutionalism, Ancient and Modern* (Ithaca, NY: Cornell University Press, 1940)。另一部比较好的作品是 John Neville Figgis 的 *Studies of Political Thought: From Gerson to Grotius* (Cambridge: Cambridge University Press, 1907)。
② Brian Tierney, *The Idea of Natural Rights: Studies on Natural Rights, Natural Law, and Church Law, 1150–1625* (Grand Rapids, MI: Eerdmans, 1997); Paul E. Sigmund, *Natural Law in Political Thought* (Lanham, MD: University Press of America, 1981); Richard Tuck, *Natural Rights Theories: Their Origins and Development* (Cambridge: Cambridge University Press, 1982); Larry Siedentop, *Inventing the Individual: The Origins of Western Liberalism* (Cambridge: Harvard University Press, 2014).

教哲学到现代自由主义的发展过程中,有许多制度和概念得到延续,这导致自由主义的兴起具有欺骗性。自由主义的成就并非仅仅来自对历史遗产的摒弃,在很多情况下,也来自对共同词语和概念的重新定义,并通过这种重新定义,基于一套完全不同的人类学假设,改变了原有的制度。

虽然"自由"的概念得以保留,但它的内涵被重构了。长期以来,自由都被视为一种以自治抵抗暴政的方式,无论是在政治体内部还是人的灵魂中都是如此。自由被认为要求个人具有高度的纪律性,要能够抵制欲望的诱惑,并服从那些培育自治政府所需美德的社会政治方面的要求。古典政治思想与中世纪基督教政治思想都认为,比起科学,它们更接近艺术:它们都高度依赖那些具有激励人心作用的奠基者,以及那些能够支撑政治与社会自我完善并维持良性循环的政治家;二者都承认,由于人性不可避免的缺陷,任何政体都存在堕落和腐化的可能。

现代性的一个显著特点,就是抛弃了这种历史悠久的观念。在社会与政治层面,促进公民美德被认为是无效和不值得追求的。自由主义得以扎根,靠的是推翻一系列人类学假设与社会规范,并将他们视为冲突之源与个人自由的障碍。一批思想家为了追求内部和平,从而促进繁荣稳定,最终实现个人良心与行动的自由,有意破坏那些被视为迷信的宗教和社会规范。正是这些人构建了自由主义的根基。

有三股势力从理论和实践上促进了这场变革。首先,是政治应该建立在对人性的较低而非较高期望之上这一观念。古典思想与中世纪基督教思想对培育美德的重视被视为家长制的和无效的，容易导致暴政和社会不稳定。马基雅维利否定了古典与基督教思想通过美德教育抵御暴政的想法，他将前现代的政治传统视为一系列既不现实也不可靠的幻想，"许多人曾经幻想那些从来没有人见过或者知道在实际上存在过的共和国和君主国。可是人们实际上怎样生活同人们应当怎样生活，其距离是如此之大，以致一个人要是为了应该怎样办而把实际上是怎么回事置诸脑后，那么他不但不能保存自己，反而会导致自我毁灭"[①]。马基雅维利认为，与其提倡即使在最好情况下也不可靠且完全不现实的行为标准——尤其是自律，不如基于人类可观察到的骄傲、自私、贪婪和虚荣，建立一种新的政治哲学。他进而宣称，"公共利益"和政治和谐的崇高呼吁起不了作用，要更好地保障自由和政治安全，应该鼓励国内不同阶层的互相对抗，让他们通过保护自己利益的"狂暴冲突"来彼此限制。承认人类不可避免的自私以及对物质利益的渴望，人们才能够从各种贪婪的动机中获利，而非试图约束和抑制自己的欲望。

其次，古典时代和中世纪基督教思想对美德的强调，以及对自律和自治精神的培养，均赖于政治、社会、宗教、经济、

[①] Niccolò Machiavelli, *The Prince*, ed. and trans. David Wooton (Indianapolis: Hackett, 1995), p. 48.（译文引自尼科洛·马基雅维利：《君主论》，潘汉典译，商务印书馆，2017年，第73—74页。——译者注）

家庭生活等各方面规范的强化和社会结构。这些曾经被视为对培育美德和抵御暴政必不可少的规范，后来却被视为压迫、专制与束缚的来源。笛卡尔和霍布斯反过来宣称，非理性的习俗与未经检验的传统——尤其是宗教，是专制统治与内部冲突的来源，会阻碍政治体制的繁荣稳定。他们都提议用"思想实验"替代习俗和传统，引导人们回归自然本性。"思想实验"从概念上剥离了那些阻碍人们真实本性的、来自社会偶然因素的干扰，哲学和政治由此可以被建立在一个理性化、反思性的基础上。笛卡尔和霍布斯都表达了对个人理性能够取代社会规范和习俗，成为人类行为向导的信心；他们也都相信，对理性的任何潜在偏差，都能由一个中央集权国家的法律和制裁加以纠正。

最后，既然为建立稳定和可预测的政体，以及扩大人类自由，可以对政治基础和社会规范加以修改，那么人类对自然限制的臣服也终将被克服。"新的政治科学"催生出新的**自然科学**，这种科学寻求在同自然对抗的战争中，用实际行动帮助人类。霍布斯的雇主弗朗西斯·培根，就鼓吹一种新的、能够强化人们对自然界主宰力量的自然哲学，它能够通过扩展人类知识的实际用途来"改善人类境遇"。① 由此，一场自然科学领域的革命，通过支持人类改造世界欲望与能力的无限扩张，推翻了斯多葛主义和中世

---

① Francis Bacon, *Of the Advancement of Learning*, in *The Works of Francis Bacon*, 14 vols., ed. James Spedding, Robert Leslie Ellis, and Douglas Denon Heath (London: Longmans, 1879), 3: 294–95.

纪基督教哲学强调"顺从"的传统。

尽管以上提到的所有思想家都不是自由主义者，因为他们对大众统治持有保留态度。但他们对政治、社会、科学与自然观念的革命性重塑，共同奠定了现代自由主义的根基。数个世纪以来，一大批思想家在这三场思想革命的基础上，将自由重新定义为从社会既有的权威和专制的文化传统中解放出来，以及人类通过发展科技和经济增强自己对自然的控制力的过程。自由主义的崛起与胜利，需要不断侵蚀古典时代与中世纪基督教对自由的定义，广泛地破坏社会传统、规范与生活方式，以及最重要的，为孤立于其出身环境的抽象个人赋予至高无上的地位，并让国家成为个人权利与自由的首要保护者。

自由主义在思想与实践中对这些革命性因素的接纳成了一场豪赌，即借由推翻此前的哲学传统、宗教和社会规范，并建立一种新的人与自然关系，我们就可以追求一种新的自由。传统的辉格史观认为，在这场豪赌中，人们不仅赢了，还赢得无可争议。自由主义的到来标志着愚昧时代的终结，人性从黑暗中走出，摆脱压迫与不平等，君主与贵族跌下神坛，经济与科技得以发展，一个几乎不可逆转的进步时代到来了。自由主义让宗教战争得以停息，开启了一个宽容与平等的时代。个人机遇与人的社会联系不断扩展，并在今天的经济全球化时代达到顶峰。人类对性别歧视、种族歧视、殖民主义、异性恋正统思想，以及一系列不可容忍的、导致人类分裂和丧失尊严的不公义思想的战斗不断取得胜利。

1989年,弗朗西斯·福山写下了影响深远的文章《历史的终结》("The End of History"),宣告了自由主义的胜利。① 福山认为,通过战胜所有挑战者,自由主义证明了它是唯一一种具有合法性的政治制度,它的**有效**缘于它符合人性。自由主义,这场于500年前提出,并于250年前由美国国父们正式开展的政治实验,如今以前所未有的明确性,在混乱且众说纷纭的政治领域,宣告了自己的胜利。

对自由主义已经取得胜利这一点几乎没有什么争议——确切来说,即便是有不同的声音,也大都被认为不值得认真对待。通行结论认为,在自由主义秩序下,侵扰政治肌体,乃至社会和个人领域的种种问题,要么是自由主义原则实践不充分的结果,要么只不过是政策不当或技术不足导致的偶然问题。自由主义的成功使得它很难反思是否存在这样一种可能性,即现存的对自由主义的最大威胁并不来自外部,而在于自由主义本身。这种潜在的威胁来自自由主义的本质,来自它原本被视为强项的地方——尤其是它对于自身纠错能力,以及对于进步和持续发展的坚信。这使它很难意识到自身的弱点,甚至天然倾向于自毁。自由主义使我们相信,无论我们今天面临什么样的问题,都一定能被一种更加完善的自由主义予以解决。

---

① Francis Fukuyama, "The End of History," *The National Interest*, Summer 1989.

这些问题包括个人利益对社会与公民生活的腐蚀，其成因是社会美德已经荡然无存。这种疾患不仅正在各种社会关系和社会领域中显现，而且已经渗透到了自由主义政治之中。关于公共利益的呼吁消失了，人们被诱导以零和心态，以及越来越被私人和物质利益驱使的动机行事，且以高度极化的情绪参与国家政治。类似地，那些让个人从权威中"解放"出来的事物，如今导致了社会失范，这导致了更多的法律介入、警察力量的扩充，以及更大规模的社会监视。比如，由于社会规范和体面行为准则被视为家长制的、压迫性的，从而遭到排斥，不断衰退，美国的大量学区不得不在学校内安装摄像头，靠秘密监控来进行事后惩罚。人类对自然的征服也导致了一系列悔不当初的后果：燃烧化石能源造成生态破坏，无限制地使用杀虫剂导致环境污染，技术进步带来的失业导致政治动荡，等等。人类如今面临的最大挑战，是他们能否从"进步"带来的后果中幸存下来。

　　最重要的是，自由主义已经耗尽了那些曾经维系其生存的遗产，而且无法得到补充。在几乎所有领域——家庭、邻里、社群、宗教，甚至是国家，社会纽带都在变得越发松弛，这反映了自由主义的运行逻辑以及它内在的不稳定。对中央集权的国家政府，甚至是国际政府应该扮演什么角色的争论日益激烈，且越发受到关注，这既是自由主义推行同质化的结果，也是其脆弱性的体现。全球市场消灭了大量地方经济形式及其文化，在全世界强行推行那套导致了资本主义经济危机，并导致其自身瓦解的、无情的市场交易逻辑。而诸如国家和市场何者应该提供教育和医疗保障等公共服务的政策讨论，反映出地方提供公共服务能力的衰弱，而地方的责任和投入是国家和市场都无法取代的。自由主义的胜利耗尽了它无法创造也无法补充的自然和社会资源，也侵蚀了它不肯承认却一直维持着它的基石。

自由主义最初以为，它能够创造的好处多于它所消耗的资源，因此自由主义者普遍意识不到，如今这些严重的问题都来自它曾经鼓吹过的成就。如今的大多数人都认为，数百年前的那场豪赌已经尘埃落定，结果无需质疑。尽管越来越多直接源自自由主义"硕果"，而非间接推导出的证据显示，对这场豪赌征税的人已经找上门来了。如今，我们终于开始意识到自己的胜算渺茫，只有最狭隘的意识形态狂热者才会否认自由主义的不可持续。

现代宪政严格的法律与政治架构并不必然维护自由主义，但它们被两大基本信条驱使着：一是人类学个人主义以及自愿选择的概念，二是人类同自然是分离和敌对的。这两个信条赋予了自由主义方向与模板，也构成了自由主义根基的深层人类学假设。这两种革命性观念引入了一种激进的对"自由"的新定义，颠覆性地改变了人们对人类本性与社会的认识。

自由主义的"自愿选择"

第一个革命性观念，也是自由主义最基本、最独特的信条，就是将政治建立在自愿选择——个人不受束缚、自主的选择——的基础上。这一观念最初见于托马斯·霍布斯对君主制的辩护中，被认为是自由主义的雏形。霍布斯认为，人类最初是以完全独立自主的状态存在的，但由于意识到了这种状态的"危险、暴力和不可持续"，他们运用服务于自我利益的理性，向主权者让渡了自己的大部分自然权利，以换取安全和保护。也就是说，合法性源自民众的同意。

国家被创造出来，是用于约束个人的外在行为，以及依法限制那些潜在的破坏性行为的。霍布斯认为法律就是对于自利个体的约束，他并不觉得互相关切的自我约束能够发挥作用。他在《利维坦》(*Leviathan*)中写道，不妨将法律比作篱笆，"不是为了阻挡行人，而是为了使他们往路上走"。也就是说，法律只限制人类出于"鲁莽愿望、草率从事或行为不慎"采取行动的自然倾向，[1]而自由则存在于"法律沉默不言之处"，仅受到国家明确颁布的法规的限制。[2]只有国家能够限制人的天然自由：它是实在法（positive law）的唯一创制者和执行者，它甚至有权裁定宗教信仰是否合法。国家必须维持社会稳定，避免社会回到自然的无政府状态，并借此"保护"我们的自然权利。

因此，人类在天性上是互不相连、独立自主的生物。自由主

---

[1] Thomas Hobbes, *Leviathan*, ed. Edwin Curley (Indianapolis: Hackett, 1994), p. 229.（译文引自霍布斯：《利维坦》，黎思复、黎廷弼译，商务印书馆，1985 年，第 270—271 页。——译者注）

[2] Ibid., p. 143.

义的开端,便是把所有社会关系——包括但不限于政治纽带——的合法性,变得依赖于个人选择,尤其是基于理性自利的选择。

就像霍布斯在哲学上的继承者约翰·洛克理解的那样,自愿选择的逻辑最终会影响所有社会关系,包括家庭关系。作为自由主义的先驱,洛克一方面在《政府论(下篇)》(*Second Treatise of Government*)中承认,父母抚养子女的责任和子女顺从父母的义务都源自神圣的诫命;另一方面却又声称,所有子女最终都必然服从于同意的逻辑,并以此像在自然状态中一样,作为拥有自主选择能力的个体行事。"既然每一个人的儿女天生和他自己乃至他的任何祖先一样地自由,当他们处于这种自由状态时,他们就可以选择自己愿意加入的社会、愿意隶属的国家。但是假如他们要享受他们祖先的遗产,他们就必须接受他们祖先原来接受的同样条件,受制于这一产业所附带的一切条件。"[①] 即使是那些从父母那里继承了一切的人也是基于同意逻辑的,哪怕双方都没有言明。

洛克认为,即便是婚姻,也应该被理解为一种契约,其条件都是暂时的,允许修改,尤其是在抚养孩子的责任完成后。如果这种包罗万象的选择—同意逻辑甚至适用于最基本的家庭关系,那它就更加适用于那些更松散的社会关系。这些社会关系需要受

[①] John Locke, *Second Treatise of Government*, ed. C. B. MacPherson (Indianapolis: Hackett, 1980), p. 40.(译文引自洛克:《政府论(下篇)》,叶启芳、瞿菊农译,商务印书馆,2011 年,第 73 页。——译者注)

到持续的监督,以讨论其是否侵犯个人权利。

这并不是说在自由主义诞生之前,个人权利会被完全忽视。中世纪基督教传统将婚姻从基于家族和财产的考量,转变为一种个人基于神圣之爱做出的选择,这就扩大了人的选择权。自由主义真正不同以往的是,它鼓吹一种不负责任的倾向,即鼓励人们依靠基于个人利益计算做出的个人选择,来评价制度、社会、机构、社会关系,甚至是私人关系,而完全不考虑个人选择对社群的影响,以及个人遵守秩序、服从神圣意志的义务。

自由主义在诞生之初明确声称,它仅仅适用于政治、社会与个人的决策过程。但它暗中推动了另一个规范性计划:它以自由选择取代了原本非常不同的人类对自我的理解与经验。自由主义教育人们以截然不同的方式思考自己,以及自己的社会关系。自由主义声称对人们做出的选择保持中立,它捍卫权利,而不捍卫任何一种特定的"善"。

然而,对于人类做出个人选择的基础,自由主义毫不中立。就像经济学课程声称,它仅仅是在描述人们如何基于个人利益最大化做出理性决策,实际上却在教导学生们以自私的方式行事一样,自由主义教导人们逃避责任,根据利益灵活地调整自己的关系和社会纽带。不仅所有的经济关系和政治关系看起来都是可替代的,并不断遭到修改,其他所有领域的关系——地理、邻里、民族、家庭、宗教,无不如此。自由主义鼓励一切社会纽带的松弛。

对抗自然的战争

第二个革命性观念,以及构成自由主义的第二个人类学假设,看起来政治性不那么强。前现代的政治思想——尤其是那些受亚里士多德自然观影响的——将人类理解为自然秩序的一部分。人类的存在被认为是有固定目的(telos)的,这一目的由自然决定,不可变更。人类本性与自然秩序一致,因此人类既应该遵循自己的本性,也应该在更广泛的领域遵循自然秩序。人类当然可以选择对抗自己的本性与自然秩序,但这会使他们遭到扭曲,并损害人类与自然的利益。亚里士多德的《伦理学》(*Ethics*)与托马斯·阿奎那的《神学大全》(*Summa Theologiae*)都强调来自自然界的限制,即自然法,应该被置于人类之上。两人都希望教育人类如何通过实践美德,在这些限制中过上最好的生活,实现人类的繁荣。

然而,自由主义哲学拒斥对人类自律的要求,推翻了人类应该遵循自然秩序以及人类本性的观念。自由主义推动了自然与社会科学领域的转变,也改变了人类与自然界的关系。自由主义革命的第一波由文艺复兴以来的早期思想家推动,他们认为人类应该运用科学技术以及转型中的经济体系来探索自然的奥秘。这场革命的第二波则很大程度上由19世纪的历史主义学派学者推动,他们用对人类"可塑性"以及人类实现道德进步能力的信念取代了此前的观念。自由主义的两个分支,"保守主义"和"进步主义",在今天经常被相对地提及,但我们应该意识到二者之间的内在联系。

开创了第一波自由主义革命的人是弗朗西斯·培根。和他的秘书霍布斯一样，他极力攻击亚里士多德和阿奎那对人类本性与自然法的理解，声称人类有能力"主宰"并"控制"自然，甚至能够克服自己道德上的缺陷，抵抗原罪导致的堕落。[①]

自由主义将自己同自然科学上的新动向紧密联系在一起，并且积极维护和促进一种仅仅旨在满足人类需求、掌控自然的经济体系，即市场导向的自由企业制度。近代的自由主义相信，人类本性不可改变：人类天然就是自利的生物，他们基本的逐利冲动可以被利用，但不可能改变。借由适当的经济和科学体系，有效利用人类本性中的贪婪和自利，人类就能提高掌控自然的能力，从而也就越自由。

第二波自由主义革命开始于对上述人性观的一种含蓄批评。从卢梭到马克思，从密尔到杜威，从理查德·罗蒂（Richard Rorty）到如今的"超人类主义者"（transhumantists）的一系列思想家，都不同意这种人性不变的看法。但他们延续了"第一波理论家"关于自然应服从于人类的想法，并将其运用于人类自身。

第一波自由主义者就是当下的"保守主义者"。他们强调运用经济和科技手段掌控自然的重要性，但不肯将这种想法延伸到人类自身上面。他们支持几乎所有出于经济目的、对外部世界的

[①] Francis Bacon, *Valerius Terminus, Of the Interpretation of Nature*, in Spedding, Ellis, and Heath, *The Works of Francis Bacon*, 3: 218.

利用，但反对大多数对人类自身的生物科技"改造"。第二波自由主义者则支持那些能够将人类从我们的生物本性和肉体中解放出来的技术手段。今天的政治争论几乎全都发生在这两波自由主义者之间，但无论哪一方都不肯考虑前现代传统对人类本性的完全不同的理解，以及它所主张的人与自然关系。

自由主义并非如它经常被描述的那样，仅仅关心如何构建宪政政府，以及如何运用法治手段保卫个人权利，它寻求的是改造整个世界与人类生活。它所带来的两场理念革命，即人类学个人主义与自愿选择的理念，以及人类同自然分离并对抗的理念，产生了一种独特的、全新的自由观，并且极大地扩展了人类自由活动的领域。

自由主义摒弃了那种将自由理解为人类通过后天学习，克制自己盲目本能与享乐欲望的古典观念。而这种自由原本是城邦自治与个人自治的基础，将个人美德同公共立法活动相联系。推崇古典自由观念的社会，其关注的核心是社会整体秩序，以及培养个体的自治美德与艺术。

自由主义将自由理解为可以在未被法律禁止的领域任意行事。这一概念将一种之前仅仅是理论设想的"自然状态"变成了现实，并通过法律、政治、经济、社会领域的一系列制度设计重塑了世界。在自由主义社会中，人类生活在自主之中，自然状态中危险的无政府状态则由法律和不断增长的国家力量加以规避。随着人类从最基本的社群中解放出来，只留下了松散的联系，自然环境也被人类充分控制和利用，人类自由的领域似乎扩展到了无限的境地。

讽刺的是，个人自由实现得越完全，国家的控制就必须越发包罗万象。自由主义依其定义，要将人类从所有的组织与社会关系中解放出来，从家庭、宗教、学校、村庄、社群中，以及从所有约束个人行为的、非正式或习惯性的社会期望和惯例中解放出来。这些约束很大程度上是文化层面，而非政治层面的。法律只是那些通过家庭、宗教与社群习得的非正式的社会期望与文化规范的延续，它的范围要狭窄得多。随着个人从这些组织中脱嵌出来，社会便更加依赖法律来规范人的行为。与此同时，社会规范丧失了权威性，被认为是专制的、压迫性的旧时代残余，人们热烈欢迎国家积极采取行动根除它们。

自由主义因此达成了两个本体论层面的目标：自由的个人与无所不管的国家。霍布斯的《利维坦》尽善尽美地描述了这一目标：国家由完全自主的个人组成，这些个人被"包含"在国家内部。个人和国家代表着本体论的两种优先事项。

在这样的世界中，对历史的温情与对未来的责任，被几乎无处不在的、对即刻满足的追求所取代。文化成了纵情享乐、粗鲁自大和消遣的同义词，它的全部意图都在于鼓励消费、纵欲和冷漠，而非传授历史经验与智慧，以求培育自律的公民美德。结果，肤浅的自我中心主义，以及破坏性的行为支配了我们的社会。

在学校中，谦逊的美德，良好的行为举止以及学术诚信，正被大范围的目无法纪和欺骗所取代。当然，与之相应的是对年轻人越发严格的监视。而对那些刚刚长大成人，正值青春焦躁期的学生来说，求爱的礼节正被代之以各种"勾引技巧"与功利主义的一夜情。维系稳定的终身婚姻的规范正在消失，让位于在婚姻内外确保个人自主的种种措施。养育子女越发被视为对个人自由的限制，这催生了自由主义对堕胎权的要求，并导致所有发达国家的生育率都在下降。在经济领域，投资与信托责任被代之以挣快钱的欲望，后者通常由无休止的、对眼前利益的渴望所驱动。在我们同自然环境的关系方面，对自然资源实施竭泽而渔式的开发成了我们的天然权利，因此导致我们的后代面临土壤和饮用水等资源的匮乏。即使承认这些活动应该得到限制，人们也认为应该通过立法来解决，而非通过培育自治的文化规范。

自由主义相信，生命的基本活动就是追求霍布斯所说的"无尽的权力，直至死亡"。后来的托克维尔将其描述为"不安分"（inquietude）或"无休止"（restlessness）。要想不断满足人类无休止的欲望，经济就必须不断增长，消费主义就必须不断蔓延。自由主义社会几乎无法接受经济增速的放缓，如果经济长期停滞甚至倒退，它就会崩溃。强调"权利优先于善"，鼓励对人类社会终极目的漠不关心的唯 目的和理由是，它鼓励每个人自我塑造、自由表现。它允许人们回避艰难的道德选择，由此世界上只剩下了关乎不同生活方式的平等选项。

自由主义的创建者们对社会规范早已习以为常，即便他们寻求将个人从基本社会组织与社会规范中解放出来，使人们无需听取那些要求人们自我约束的教诲。在自由主义的早期阶段，健康的家庭、学校与社群尚且是不言自明的，但此时它们的哲学基础已遭到了侵蚀，使得这些组织遭到削弱，也导致社会权威性机构的规范性与塑造性力量随着自由主义的发展，变得越发微弱。在自由主义大获全胜后，消极的消耗变成了积极的破坏：那些在历史上曾被用于塑造社会规范的社会组织之残余，如今被视为个人自由的障碍，为此需要国家将个人从这些约束性的纽带中解放出来。

在物质和经济领域，自由主义在其追求征服自然的过程中耗尽了漫长岁月形成的资源储备。无论今天的政治领袖持有何种不同主张，都同样要求"获取更多"。自由主义的运转，必须不断提高可轻易获取的物质消费品的产量，因此对自然的需求与征服也不断扩张。没有人会期望一个今天的政治领袖会呼吁选民们自我约束。

因此，自由主义是一场豪赌，它认为如今我们可以打着"自由"的旗号消灭传统的社会行为规范，而征服自然可以为我们提供近乎无限的选择。这场豪赌导致了两个不可分割的后果，即道德自律的衰退与自然资源的枯竭。这使得我们必须探索，怎样迎接一个后自由主义的未来。

如果我的观点，即自由主义内部自相矛盾，它导致了自己所依赖的道德与自然资源的枯竭，是正确的，那么我们就必须做出选择。我们要么自主追求更多地方性自治组织；要么被动接受不断加剧的社会动荡与越发强化的国家控制力之间的冲突。从逻辑上说，自由主义的各个方面都是不可持续的，而且已经走到了尽头：它既不能靠一群完全脱离了社会规范的原子化个体持续维系秩序，也不能在一个有限的世界里实现无限的物质增长。我们要么选择一个基于地方社群、依靠自律而建立的自治政府，要么就只能不可避免地接受一个极端的放纵与极端的压迫并存的未来。

古人认为，人生来就是政治动物，必须通过实践一系列在社群中习得的美德，才能实现地方与社群的自我约束。这才是自由的真正含义，我们已经因拒斥这种观念付出了代价。现在我们正试着医治现代自由主义的"自由"带来的众多社会、经济与政治疾患，却并没有想到这些疾患的深层根源，即自由主义做出的病态承诺。尽管大多数论者都将我们现在面临的道德与经济危机视为可以通过更好的政策解决的技术性问题，但最有远见的公民应该思考，这场危机是不是一场更加系统性的崩溃的前兆。古罗马人对他们的"永恒之城"充满自信，他们根本无法想象"罗马之后的世界"是什么样子。如今，罗马城里日益猖獗的野蛮人正迫使我们思考一种潜在的、更好的前景。

第二章

个人主义与国家主义的联合

法国大革命以来,"左"和"右"成为现代政治最基础的分野。这起源于法国国民公会里的座位分布,激进派坐在议会左面,保皇派则坐在右面。这样的划分得以延续至今,是因为它们刻画了两种基本对立的世界观。左翼倾向于改革,追求自由、平等与进步,面向未来;而右翼则维护传统、秩序和等级制度,面向过去。左翼和右翼,蓝和红,自由和保守,这种划分看似捕捉到了两种基本的人性倾向的根本差异,描述了两种看起来互斥并包罗了一切政治选项的世界观。如果说,初为人父母者面临的第一个问题是他们的孩子是男孩还是女孩,那么,我们踏入成人世界的第一步,或许就是我们将自己界定为左翼或者右翼。

现代生活中的许多事项都围绕着这种划分展开:不仅是政治机器,还有那些泛滥的自由派或保守派政治评论者、媒体、顾问、民调机构以及政治家。就连人们所在的社区、职业、学校,甚至是宗教信仰也都可以被这样划分。[1] 人们经常感到,他们和那些同自己有着类似政治倾向的人有更多共同语言,即便他们来自这个国家的

---

[1] Dill Bishop, *The Big Sort: Why the Clustering of Like-Minded America Is Tearing Us Apart* (New York: Houghton Mifflin Harcourt, 2008); Marc J. Dunkelman, *The Vanishing Neighbor: The Transformation of American Community* (New York: Norton, 2014); Charles A. Murray, *Coming Apart: The State of White America, 1960–2010* (New York: Crown Forum, 2012); Robert D. Putnam and David E. Campbell, *American Grace: How Religion Divides and Unites Us* (New York: Simon and Schuster, 2010).

不同地区，甚至可能来自不同国家，有着不同的种族背景和宗教信仰。鉴于人类漫长的宗教战争史，这真是不可思议。如今，一个保守主义福音派新教徒更有可能与一个犹太教正统派信徒或一个天主教传统主义者成为朋友，而不是同一个自由主义路德宗信徒。一个倾向自由主义的南方白人，在同一个北方民主党黑人相处时，会比同他的白人保守派邻居相处时感觉更加舒适。一个信奉进步主义的同性恋者和一个自由主义基督徒很快就能找到彼此的共同点。在我们这个时代，性别差异在大学校园里被限制讨论，地域差异消融在统一的国家文化之中，只有政治认同成了唯一一种不可避免的、永恒的，甚至是自然的，能够界定我们身份认同核心的标志。

尽管这种划分如此深远地影响了先进自由主义社会中的每个人，但这两种表面上看似不可调和的政治立场之间的差异远没有想象中那么大，它们实际上共享一种基础的世界观。两个死敌看似激烈的较量背后，是共同的推进自由主义的任务；而两种立场间激烈的斗争，则隐藏了它们之间更深层次的共识，以及推进自由主义的共同任务。

两个执着于左右之争的党派把持了现代美国政治。一方推行"保守主义"，鼓吹通过捍卫不受约束的自由市场来保障个人自由与机会平等；另一方推行"自由主义"，旨在通过不断加强对国家政府管制权与司法权的依赖，来保障经济与社会平等。在我们通行的政治叙事中，洛克和开国先贤们是个人自由传统的捍卫者，而约翰·密尔和杜威等则是宣扬国家主义的"进步主义者"，这两种世界观被视为不可调和的两极。

任何一个对当前美国政治稍有留意的人,对这两种明显对立的立场都很熟悉:保守主义者是古典自由主义的继承人,反对国家主义与现代自由主义;而自由主义者是进步主义的继承人,反对个人主义。双方建立在不同的理论基础上,因而在经济与贸易政策、医疗保险、福利制度、环境保护等一系列问题上都针锋相对,争论不休。这些争论基本上可以被归结为,一种政体所追求的最高目标,是最好由市场力量来实现,国家尽量少干预,还是政府能比市场更公正地分配利益,因而应该发挥更大作用。

古典自由主义者声称,个人是社会的基础,通过订立社会契约和奉行同意原则,能够建立一个有限政府。进步自由主义者则声称,个人永远不能完全满足自己的需求,因此我们必须把自己视为一个更大范围的群体的成员。二者看起来不仅在政策上截然不同,而且在人类学假设上也存在分歧。因此,它们深层次的共同之处很难被察觉。

个人主义与国家主义携手并进,互相帮助,其代价是那些现实且至关重要的社会关系的消亡,而毫无遮掩的个人主义与抽象的国民身份则大行其道、备受推崇。左派和右派以不同但互有联系的方式,从不同的角度,用不同的表述共同推进国家主义与个人主义。这种深层次的合作有助于我们理解当代的自由主义国家——无论是欧洲还是美国——是如何一边变得更加国家主义,拥有前所未有的权力与集中权威并得以执行各类政策;一边变得更加个人主义,使人们变得越发原子化，只愿意在自愿的基础上参加或组建各类社会组织，比如志愿者协会、政党、教会、社区，甚至家庭。对"自由主义者"和"保守主义者"来说，国家都是个人主义的主要驱动力，而个人主义也成了国家不断扩张的权力和权威的来源。

"左派"和"右派"之间更深层的一致性有两个来源：首先，在哲学上，古典自由主义和进步自由主义都认为，国家应该在创造并增进个人自由的过程中发挥核心作用；其次，在政治实践中，基于这一共同的哲学理念，两派同时促进了国家主义和个人主义。以上是对自由主义的"两派"是如何在看似竞争的同时，共同促进自由主义的主要目标的简短描述。在本章中，我将进一步探索二者的合作关系，尤其关注其在自由主义传统内部的哲学来源，以及其在美国环境中的具体应用。

古典自由主义与进步自由主义都意图促进个人从空间、传统、文化，以及任何非自主选择的关系中解放出来。尽管有种种不同，但两者都应被视为自由主义传统的产物。因为它们都许诺个体的解放，并且依靠国家的帮助，把自然科学作为实现个体从自然限制中解放出来的主要手段。因此，伴随着对地方组织与自然限制的敬畏的不断消失，国家主义与个人主义一同膨胀。从洛克到杜威，从培根到弗朗西斯·贝拉米（Francis Bellamy）[①]，从亚当·斯密到理查德·罗蒂，尽管他们的思想各有不同，但皆为此目标所鼓舞。

[①] 弗朗西斯·贝拉米（1855—1931），美国基督教社会主义者，代表作《回顾》，主张以生产资料国有化和公共教育消除社会弊病。——译者注

古典自由主义的哲学根源与实践

古典自由主义推进了国家主义这一说法似乎是令人震惊的，因为古典自由主义的哲学源头指向国家主义的反面：按照社会契约论，国家并不创造个体；恰恰相反，是自然条件下自由而平等的个人，通过同意原则创造了有限政府。尽管霍布斯和洛克存在诸多差异，但两人都将自然状态下的人预设为彼此分离的个体，而非一个整体。每个人生来就是"自由而独立的"，不受任何统治，甚至互无关联。正如贝特朗·德·茹弗内尔（Bertrand De Jouvenel）① 对社会契约论的讽刺：这是一种属于那些"必定已经忘了他们的童年，将来也不会有后代的人"的哲学。② 自由被认为是一种不受政府和法律干涉的状态，在这种状态下"一切都是对的"，人人皆可为所欲为。尽管这种状态显然是不可持续的，对自由的定义依然将"自然状态"视为一种规范性的理想——自由就是一个人在能力范围内做任何他喜欢的事的权利。相较于认为自由只有通过具备德性的自治才能实现的古典理论，现代自由主义将自由定义为最大限度地追求和满足欲望，而政府只不过是对这一追求的一种习惯性、非自然的限制罢了。

霍布斯和洛克都同意，我们订立社会契约不仅是为了保障存

---

① 贝特朗·德·茹弗内尔（1903—1987），法国保守主义哲学家，政治经济学家。——译者注
② Bertrand de Jouvenel, *The Pure Theory of Politics* (Indianapolis: Liberty Fund, 2000), p. 60.

活,还是为了使自由得到更多保障。两人都认为,在前政治状态下,我们的自由不仅受到其他人无法无天的竞争的威胁,也受到我们桀骜不驯、充满敌意的本性的限制,这种倾向在洛克身上尤其明显。洛克政治哲学的一个主要目的,就是通过国家增进我们的自由,也就是提高我们满足自身欲望的能力。法律不再是自治政府需要遵守的规范,而是扩张个人自由的手段:"法律的目的不是废除或限制自由,而是保护和扩大自由。"[1] 我们之所以接受了社会契约的概念,是因为它消灭了那些被认为限制了我们自由的习俗和法律,从而增进了我们的自由,并且,它还为我们提供了加强对自然世界的控制力的愿景。洛克之所以说法律是为了增进自由,是因为他将自由视为从外部世界的限制中解放出来。

因此,对自由主义理论而言,在个体通过社会契约"创造"国家的同时,国家也通过提供扩展自由的条件、提升人们对外部环境的控制力而"创造"了个人。个人与国家之间的矛盾远没有许多现代政治理论所声称的那么激烈,自由主义在二者之间建立了深刻的联系:自由的理想必须通过强有力的国家来实现。如果说法律保障了自由的扩展,那么反过来说也是对的:自由的扩展需要更多的法律。国家不仅仅是个人竞争的裁判,保障我们从事商业与生产性活动,它还在现实世界中建立了一种此前仅在"自然状态"理论中存在的状态:个人自由的充分实现。

---

[1] Locke, *Second Treatise of Government*, ed. C. B. McPherson (Indianapolis: Hackett, 1980), p. 32.(译文引自《政府论(下篇)》,第36页。——译者注)

自由主义国家的主要任务，就是将个体从受限的条件中"解放"出来。自由主义理论首先要求，将人们从那些约束其充分实现欲望的自然限制中解放出来。用洛克的话说，生活的核心目的之一，就是"游手好闲"。这种解放很大程度上是靠商业来实现的，商业带来的机会和物质财富的增加，不仅能满足人们已有的欲望，还能创造出我们此前从未意识到的新欲望。因此，国家被要求承担起发展商业、增进贸易和生产、提高社会流动性的责任。① 市场的扩展及其必需的基础设施并非来自"自发秩序"，相反，它们需要强大的、不断增长的国家力量。经济活动的参与者们对此表示了同意，尽管有时并不情愿。最初，这一过程仅发生在国内经济领域，政府在国内强行推广理性化、去个人化的现代市场经济。最终，它成了帝国主义的主要推动力，其合法性由约翰·密尔在《代议制政府》(*Considerations on Representative Government*) 中加以论证。他在书中呼吁强迫那些"未开化"民族过上生产型经济的生活，尽管他们必须"暂时被强迫如此"，甚至要通过奴役等形式实施。②

扩展商业的主要目的之一，是将个人从其深深嵌入的传统社会纽带中"解放"出来。自由主义国家不仅是个人自由消极的裁判与保护者，还要发挥积极作用，解放那些还不能完全自由地做

---

① 因此美国宪法授权国会"促进商业与实用工艺的发展"。
② John Stuart Mill, "Considerations on Representative Government," in *On Liberty and Other Essays,* ed. John Gray (Oxford: Oxford University Press, 2008), p. 232.

出选择的人。自由主义理论的核心，便是假定个人是人类存在的基本单位，以及唯一现实存在的天然人类实体。自由主义的实践则寻求凭借武力，或者通过不断降低退出的障碍，将个体从自由主义国家之前存在的所有局部和限制性隶属关系中解放出来，使这些个体得到充分满足。自由主义国家声称，它统辖着全社会所有的团体，是一个组织合法与否的终极裁定者；并且，在它看来，它理顺了个人与国家的关系。

自由主义颠倒了科学方法，将一系列哲学假设变为现实。以脱离群体、自私自利"经济人"形象存在的个体从来没有在自然状态中存在过，相反，它是在自由主义秩序开端之初，在早期国家一系列复杂的干涉下才产生的。有一种说法流传甚广，即自由主义的合法性来自不受限制的个体的自由选择。然而，自由主义秩序其实是一系列强力的国家干预的结果，只有极少数学者注意到了这点。历史学家和社会学家卡尔·波兰尼（Karl Polanyi）就是其中之一，他在《大转型》（*The Great Transformation*）[①]一书中描述了经济活动是如何从特定的文化和宗教背景中"脱嵌"出来的——在此之前，经济活动一直被认为应该服务于道德目的。波兰尼还指出，这些文化和宗教背景不仅限制了经济活动，而且完全不认为经济活动应该优先满足个人需求和利益。经济交换被

[①] Karl Polanyi, *The Great Transformation: The Political Origins of Our Time* (Boston: Beacon, 2001). 更近一些的讨论见 Brad Gregory, *The Unintended Reformation: How a Religious Revolution Secularized Society* (Cambridge: Belknap Press of Harvard University Press, 2012).

优先用于实现社会、政治和宗教生活的目的，用于维系家庭和共同体秩序。①确切地说，认为经济行为应该基于个人利益最大化的想法，并不是自由市场的产物。在历史上，市场被理解为特定社会秩序中的一个具体场所，而不是一个供抽象的"理性人"实施交换的、理论化的事物。

波兰尼认为，市场经济对传统经济的取代，需要对地方经济进行有意的，而且经常是暴力性的重塑。这种破坏和颠覆传统共同体的行为，通常由经济精英和国家开展。人的个体化不仅要求市场从社会和文化环境中分离出来，还要求人们接受他们的劳动力和生产出的产品也仅仅是服从价值规律的商品。这种将人与自然同等看待的方法是功利主义、个体主义的，也是颠覆性的。自由主义市场经济将人和自然资源视为"虚拟商品"，这是为了让市场活动脱离道德规范，并使人们将自己视为与他人和自然相分离的独立个体。正如波兰尼所说，"自由放任是计划的产物"②。

这一过程在现代政治经济史上重复了无数次：它体现在根除中世纪行会的努力中，体现在圈地运动中，体现在国家机器对卢德运动的镇压中，体现在国家对企业主打击工会的支持中，也体现在政府强行推行农业机械化、工业化的过程中。它还是美国内战的深层次原因，这场内战以消灭奴隶制的至高名义，推动了国家主导的经济体系的决定性扩张，消灭了那些因为与南方奴隶制

---

① Polanyi, *The Great Transformation*, pp. 45–58.
② Ibid., p. 147.

相连而声名狼藉的反对声音。①在今天这个持续扩张的全球化经济体系中，我们仍然能够看到它的遗产。它的实现得益于那些由所谓"保守主义者"支持的自由贸易协定。它经常蓄意破坏，并最终消灭地方文化，而后者只有那些批评全球化的残酷之处的柏克式保守主义者和马克思主义者才会关心。②最近几年，通过强行废除各州基于自身的、多样的环保标准并代之以统一标准，国家维系市场运行的力量得到了进一步的强化。讽刺的是，这一行动得到了那些号称坚定捍卫州权的"保守派"共和党人的大力支持。③

从现代社会的开端直至如今，古典自由主义的先驱及其继承人——如今被我们称为"保守主义者"的那些人，最多也不过是说过几句"捍卫传统价值"的空话。其领袖们都毫无异议地接受了当今世界里占据主流的个人主义思想，以及全球化的"自由市场"。这一全球市场，就像其他所有市场一样，被冠之以"自由"之名，实际上却依赖于持续不断的国家干预和支持。古典自由主义者因其对传统社会关系、文化规范、代际观念，以及所有无关

---

① 这些对工业主义最强有力的控诉大多出自南方作家笔下，因此经常被误认为是对一种不公正经济秩序的捍卫。如 The Twelve Southerners, *I'll Take My Stand: The South and the Agrarian Tradition* (New York: Harper, 1930)，以及温德尔·贝里在 *The Hidden Wound* (Boston: Houghton Mifflin, 1970) 中的回应。

② E. F. Schumacher, *Small Is Beautiful: Economics as if People Mattered* (New York: Harper and Row, 1975); Stephen Marglin, *The Dismal Science: How Thinking Like an Economist Undermines Community* (Cambridge: Harvard University Press, 2008).

③ John M. Broder and Felicity Barringer, "The E.P.A. Says 17 States Can't Set Emission Rules," *New York Times*, December 20, 2007, http://www.nytimes.com/2007/12/20/washington/20epa.html?_r=0.

市场活动,却能够维系人际纽带的公序良俗的消融作用而支持它。自由主义理论声称,这种激进的个人主义观念是"天然的",并在实践中通过不断膨胀的国家来推行这一规范理念。国家的不断扩张也并非弃个人主义于不顾,而正是为了实现个人主义。

进步自由主义的哲学根源与实践

古典自由主义释放出的政治、社会、经济活力,使一种观念广泛流行,即人类改造世界的能力被低估了。例如杜威在一本小册子《新旧个人主义》(*Individualism, Old and New*)中称赞了"旧自由主义"在"液化"那些封建时代形成的固定资产方面的成就。此外,"旧自由主义"还使得社会生活不再以地方性为基础,这让政治和经济体系变得更加全国性和"互相依赖"。他主张抛弃美国传统上推崇自力更生的"浪漫"个人主义——这呼应了弗雷德里克·特纳(Fredrick Turner)[①]对美国边疆开拓已接近终结的观察,转而呼吁美国人应该意识到,他们现在是一个"社会整体"的成员,没有人能够独立生存。[②]

"旧个人主义"成功消灭了贵族社会与杰弗逊式农本主义的一切痕迹,但美国并没能实现个人与社会之间的"有机协调"。"旧

[①] 弗雷德里克·特纳(1861—1932),美国历史学家,边疆学派创始人,曾提出美国民主与美国民族精神的形成依赖于边疆开拓。——译者注
[②] John Dewey, *Individualism, Old and New* (Prometheus, 1999), pp. 37, 39.

自由主义"创造出了超越其自身的条件：一种新的自由主义浮现出来，亟待像杜威这样意识到了人类改造世界潜能的哲学家和敏锐思想家来推动其发展。

赫伯特·克罗利（Herbert Croly）① 同样看到，在美国的商业、文化与身份认同领域，也在发生类似的转变。然而，尽管社会成员互助的重要性在美国越发明显，美国的制度依然固守着对杰弗逊式个人独立的信奉。因此，克罗利呼吁建立一个"新共和国"（New Republic，这也是他创办的杂志的名字），从而"以汉密尔顿的手段实现杰弗逊的目的"。民主不再意味着自由个体按照个人意愿行动，并以此为基础进行自我节制。人们需要被灌输一系列社会性，甚至是宗教性的理念，使他们意识到"世人皆兄弟姐妹"。在此之前，这种志向被陈旧的个人奋斗信条所妨碍，忽视了社会中深刻的、不断增长的互相依赖倾向；而现在，一种"创造更完善个体与更完善生活"的潜在愿望正在滋长。② 沃尔特·劳申布施（Walter Rauschenbusch）③ 以其在地球上建立"上帝之国"的呼吁回应了这种观点，那将是一种新的、更深刻的社会民主形式，它"不会拒斥人类天性，而是会推动人性的提升"。④ 就像杜

---

① 赫伯特·克罗利（1869—1930），美国进步主义运动先驱。——译者注
② Herbert Croly, *The Promise of American Life* (Cambridge: Harvard University Press, 1965), p. 280.
③ 沃尔特·劳申布施（1861—1918），美国神学家，社会福音运动领袖，主张以基督教教义缓和美国社会问题。——译者注
④ Walter Rauschenbusch, *Theology for the Social Gospel* (Louisville, KY: Westminster John Knox Press, 1997).

威和克罗利一样，劳申布施认为，通过克服在他看来甚至已经渗入基督教神学的自私自利——传统上，基督徒的目的被认为是实现自我救赎——人类能够实现"人性的完美"，从而达到"完善"的民主。

尽管人们能在这些思想家的理念中看到一些合作主义的经济思想，例如杜威就提倡"公众社会主义"，克罗利也"公然支持社会主义"，但他们同样支持个人尊严的不容侵犯。两人的著作有着共同的主题，即只有通过消除狭隘受限的"旧自由主义"的个人主义，才能诞生一种更真实、更好的"个体性"。只有让人们从贫穷和经济不平等等不自由的束缚中完全解放出来，才能创造出新的和更好的个体性。他们声称，完善的民主应该实现大众与个人的协调，以及人的社会性与个体性的协调。例如，杜威就曾写道："只有彻底抛弃旧经济秩序与旧个人主义，才能充分恢复人的个体性，这将激发人们的想象，鼓励人们创建一种能促进所有个体自由的合作主义社会。"

尽管我们仍未等到旧自由主义被彻底抛弃，也没能看到如何实现"个体"与"合作主义社会"的协调，但我们还是可以清晰地看到，在进步自由主义中，占据基础性和核心地位的观点是，只有克服古典自由主义的缺陷，才能实现真正的自由主义。因此，关于进步自由主义到底是对传统自由主义理念的延伸还是决裂，一直存在争议。

最近一个能够体现进步主义国家在"创造"个人方面的作用的象征符号,是一个在奥巴马2012年竞选连任活动中声名大噪的虚构女人——就像雪儿(Cher)和麦当娜(Madonna)一样,她没有姓,只有一个名字,叫作茱莉娅(Julia)。茱莉娅出现在奥巴马竞选活动初期的许多网页中,证明由于一系列政府项目,她实现了自己的梦想,取得了许多成就。为了展现共和党"与女性为敌","茱莉娅的生活"这一宣传旨在说服女性选民,只有进步主义自由派会支持那些能让她们过上更好生活的政府项目。[①]

"茱莉娅的生活"的宣传看上去是针对那些支持以政府行动来增进经济机会、促进社会平等的自由主义者的。对于那些并不把个人自主与自由作为规范性目标,也不是自由主义者或"保守主义者"的人来说,茱莉娅的生活并没有什么吸引力。如果对茱莉娅高度依赖政府援助的生活的积极描绘,使右派忽略了其中仍占据基础性地位的自由主义自主理念,那么左派在其中看到的,就是政府援助能够创造出自霍布斯和洛克设想"自然状态"以来,最完美的自主个体。在茱莉娅的世界里,只有茱莉娅和政府,她的孩子只出场过一次,而且很快就被政府资助的校车接走了,甚至连孩子的父亲都没有明确出现过。换句话说,承蒙一个偶尔侵入私人生活、始终体贴关怀、无处不在的强大政府的帮助,茱莉

[①] 这则竞选广告已经从奥巴马竞选团队的网站上被撤下了,所以大多数搜索结果都只能提供对这一广告的滑稽模仿和批评,但仍可以从中了解到一些关于这则广告的故事,并大致了解广告描述的内容,如 http://www.newyorker.com/news/daily-comment/oh-julia-from-birth-to-death-left-and-right。

娅过上了完美的自主生活。"茱莉娅的生活"其实就是霍布斯《利维坦》的升级版,在其中只存在个人和至高无上的国家,个人创造国家并赋予其合法性,国家则确保个人的安全。二者之间最主要的区别在于,霍布斯只是在开展思想实验,而"茱莉娅的生活"却是对现实的真实描述。但是,这则竞选广告也清楚地表明,现实与霍布斯的理论恰好相反:是自由主义国家创造了个体,而非反过来。通过一个规模越发庞大、越发无孔不入的利维坦,我们失去了同他人的联系。

因此,自由主义的这两个派别之间无休止的纷争仅仅关乎手段,而对于最终目的,也就是让个人从天然的社会关系、未经选择的传统、限制自由的社会习惯中解放出来,二者并无争议。在表象背后,无论是古典自由主义还是进步自由主义,都寻求增进个人自由,从而使得个人能够更充分地追求自己偏好的生活方式,而国家则应该创造使这种自主个体能够成为现实的必要条件,个人自由与国家权力的扩张相辅相成。尽管"保守主义者"看似对国家权力的扩张深恶痛绝,但为了消灭那些阻碍国内或国际市场拓展的地方组织与传统规范,他们依然会向政府求助。[①] 同样地,尽管"进步主义者"极力鼓吹国家成为个人自由的最终保护者,他们仍坚称在涉及"个人行为与道德",尤其是在性生活、性别认同、对家庭的定义,以及安乐死的选择权等方面,政府必须受

---

① Marglin, *The Dismal Science*.

到限制，让位于市场上利益相关方的自主选择——我们越来越多地将自己定义为"市场上的消费者"而非公民。为此，自由主义国家不断扩张，并用它的一体两面之间的激烈搏斗迷惑人们。所幸有越来越多的人开始怀疑，这两面的差异是否真有那么大。

创造个体

自由主义理论和实践的核心，就是国家要成为个人主义的代理人。这让自由主义进入了自我强化的循环中：个体不断从社会中脱嵌出来，又反过来加强了国家的力量。从自由主义的视角来看，这是好事；但从人类福祉的角度看，这是自由主义病态的深层根源。

此前也有哲学家和社会学家意识到了这种导致人们丧失基本认同，沦为无归属、原子化个体的失范现象，其代表性著作包括汉娜·阿伦特（Hannah Arendt）的《极权主义的起源》（*The Origins of Totalitarianism*），埃里希·弗洛姆（Erich Fromm）的《逃避自由》（*Escape from Freedom*），以及罗伯特·尼斯比特（Robert Nisbet）[①] 的《寻找社群》（*The Quest for Community*）。这些著作从不同的学科视角提出，现代极权主义的产生和兴起，源于人们对孤独和疏离的不满。为了填补地方性组织与地方社群关系被削

[①] 罗伯特·尼斯比特（1913—1996），美国社会学家。——译者注

弱留下的空虚，人们转向了对遥远而抽象的国家的狂热认同。尽管这种分析曾获得许多认可，但它还是逐渐被淡忘了。这反映出在当代学者们眼中，它不适用于自由主义意识形态。① 但实际上，并没有证据显示，这种基本的政治心理学分析在今天已经不适用了。

尼斯比特的分析依然具有启发性。在他出版于1953年，分析现代意识形态的著作《寻找社群》中，尼斯比特指出，传统社群和组织的迅速瓦解导致人类"寻找社群"的基本需求无法得到满足。国家主义就是对这种孤立感的一种暴力回应。人类是天生的政治动物和社会动物，他们需要深厚的社会纽带才能充分满足本性。但如今，人们原先基于家庭（包括核心家庭和扩展家庭）、地域、社区、宗教和文化的纽带被割断了，他们被教导着将这些组织视为对个人自主性的限制。由此，仅剩的一种可以让他们合法地寻求归属感和自我认同的组织，就是国家。我们的"社群"如今包含着无数成员，他们效忠于一个抽象的政治实体，借此缓

---

① Hannah Arendt, *The Origins of Totalitarianism* (New York: Harcourt, Brace, 1951); Erich Fromm, *Escape from Freedom* (New York: Farrar and Rinehart, 1941); Robert A. Nisbet, *The Quest for Community: A Study in the Ethics of Order and Freedom* (Wilmington, DE: ISI, 2010),《寻找社群》一书的出版历程颇具启发性：该书于1953年由牛津大学出版社出版，60年代末期因受到新左派的欢迎而被抢购至绝版；2010年，此书再次绝版，随后由保守派组织校际研究院（Intercollegiate Studies Institute）再版，并由《纽约时报》保守派专栏作家罗斯·多塞特（Ross Douthat）作序。尼斯比特的观点从未真正在美国政治中立足，却轮流得到新左派和社会保守主义右派的追捧。他的著作至今仍能找到读者，说明他的分析依旧切合时代。见 E. J. Dionne, *Why Americans Hate Politics* (New York: Simon and Schuster, 1992), p. 36。

和自己的孤独与疏离感。这个政治实体满足我们的一切需求和欲望，而它提出的要求，则是必须抛弃其他任何中介实体，完全献身于国家。为了满足大众需求，中央政府被授予越来越大的权力。因此尼斯比特得出结论："在个人主义于经济和道德领域盛行了一个半世纪以后，政治权力在20世纪走向集中看起来令人困惑。除非我们意识到19世纪个人主义与国家权力之间的密切关系，以及在此背后，那些介于个人和国家之间的社会组织的衰弱。"①

除了提供心理寄托外，国家作为效忠对象的崛起也是自由主义实践的必然结果。个人主义的扩张割断了人们同原先维系其生活的社会网络的联系，由此剥夺了人们获得社会支持与扶助的传统途径。社会越个体化，公众在有需要时就越会转向国家。托克维尔最早观察到了这种现象，并指出个人主义不仅不是国家主义的替代，反而是国家主义的成因。不同于同时代的许多保守主义者或进步主义者，托克维尔意识到，个人主义不仅不能解决中央集权国家过度扩张的问题，反而是国家不断集权的根源。正如他在《论美国的民主》中所写的：

> 在平等时代，人人都没有援助他人的义务，人人也没有要求他人支援的权利，所以每个人既是独立的又是软弱无援的。这两种既不能分开而论又不能混为一谈的情况，使民主

---

① Nisbet, *The Quest for Community*, p. 145.

国家的公民具有了十分矛盾的性格。他们的独立性，使他们在与自己平等的人们往来时充满自信心和自豪感；而他们的软弱无力，又有时使他们感到需要他人的支援，但他们却不能指望任何人给予他们以援助，因为大家都是软弱的和冷漠的。迫于这种困境，他们自然将视线转向那个在这种普遍感到无能为力的情况下唯一能够超然屹立的伟大存在。他们的需要，尤其是他们的欲求，不断地把他们引向这个伟大存在；最后，他们终于把这个存在视为补救个人的弱点的唯一的和必要的靠山。①

个人主义来源于自由主义的理论与实践，它不仅不反对中央集权，而且实际上要求并鼓励中央集权。个人主义和国家主义的联合已经摧毁了许多前自由主义或非自由主义的社会，这些社会过去的主导理念与实践都同国家个人主义相去甚远。今天的古典自由主义者与进步自由主义者们依然在就各自的偏好展开激战，争论我们究竟应该生活在一个更自由、个体更加自主的社会里，还是应该生活在一个更平等的"全球共同体"里。但是这些吸引了我们全部注意的争论只关乎手段而非目的。在采取合作，消灭那些二者共同鄙视的传统美德与生活方式上面，双方并无争议。

---

① Alexis de Tocqueville, *Democracy in America*, trans. George Lawrence (New York: Harper and Row, 1969), p. 672.（译文引自托克维尔：《论美国的民主（下卷）》，董果良译，商务印书馆，1989年，第920页。——译者注）

自由主义的扩张依赖于国家的扩张，而国家的扩张又促使个体碎片化，二者构成了互相强化的循环。为了消灭所有支持并滋养人类繁荣（如提供教育、医疗服务与慈善事业）的非自由主义组织，并掏空公民之间共享未来、共担命运的共同体意识，自由主义迫切要求一个强大的、合法化的行政国家。曾经维系社会的非正式关系被行政指令、政策和立法所取代，这侵蚀了基于志愿义务与责任的公民精神，同时要求国家职能不断扩张以保障社会合作。公民社会规范的衰落带来了更多威胁，这要求中心化的监视，无处不在的警察执法，以及一个靠不断削弱公民信任与互助精神来实现社会控制的监狱国家。

人们常常忽视，古典自由主义所伸张的个人主义，与进步自由主义所鼓吹的国家主义实际上是互相强化的关系。尽管保守自由主义者声称不仅要捍卫自由市场，还要保卫传统价值和联邦主义，但去监管、全球化，以及维护巨大的经济不平等等经济自由主义举措却是他们日程表上唯一得以持续成功推行的议题。同样地，尽管进步自由主义者声称要建设一个团结的、拥有共同价值观的国家共同体，抑制个人主义经济的发展，缩小收入不平等，但在他们的左翼政治议程上唯一得到成功推行的，只有个人自由，尤其是性方面的自由。尽管两党的政治主张大相径庭，它们却能够共同推进无休止的个人自由与不平等。这难道仅仅是巧合吗？

第三章
反文化①的自由主义

---

① "反文化"(anticulture)一词在1960年代开始流行,用于描述像嬉皮士这样反对越南战争、物质主义和传统观念的运动。虽然并非完全是"反文化",但它突出了一种与主流文化对立的亚文化思想。"反文化"一词用于描述与特定文化中既定信仰、价值观和实践相悖的事物。反文化可能会积极拒绝文化中代代相传的传统和规范,这可能包括艺术形式、社会习俗或宗教信仰等方面。同时,也有一些人认为,反文化主张对现行价值观不断进行批判和革命。——译者注

自由主义与个人主义的同时扩张，不仅削弱并最终消灭了某些文化，以自由主义文化取而代之，还创造了一种扩散性的、无处不在的反文化。通常情况下，人们使用"文化"一词时都会加上一些形容词进行修饰，例如"流行文化""传媒文化"或"多元文化"，这实际上是在剔除文化中根植于地区与特定背景的习俗、实践与仪式。正如马里奥·略萨（Mario Llosa）所说："文化的概念已经宽泛到了如此程度，以至于尽管没有人敢直接说出来，但文化在实质上已经消失了。它变成了一个无从捕捉的、面目繁多的鬼魂。"① 唯一幸存的文化仪式，是属于自由主义国家和自由市场的庆典。国民节日无不变成了购物节，而"黑色星期五"这样的购物节则成了新的国民节日。这表明大多数人已经脱离了具体的隶属关系与社会义务，用 2012 年民主党全国代表大会上播放的一个视频里的话讲，"我们唯一的归属"，就是自由主义国家。但是，这种说法忽略了一个事实：实际上，我们唯一的归属是全球市场，它是一个包含了所有政治组织及其公民的、无处不在的

---

① Mario Vargas Llosa, *Notes on the Death of Culture: Essays on Spectacle and Society* (New York: Farrar, Straus and Giroux, 2015), p. 58.

实体，它将公民重新定义为消费者。属于国家与市场的仪式被结合起来（最典型的莫过于超级碗①的中场商业秀），抽象的国家主义和消费主义通过去个人化的仪式，具体地展现了原子化的个体。在一个政治上国家主义，经济上全球化的时代，这些毫无实际内容的仪式经常采取诸如在中场休息期间向服役军人致敬两分钟之类的形式，让观众们对军人报以崇敬的掌声，然后继续去消费，毕竟那才是正事。这种肤浅的、对同自己几乎没有直接关系的军人的表演掩盖了一个关键的问题：国家军队能否保护全球市场的稳定，并支持这些抽象的、无根的、沉迷消费主义的个体永远这样下去。

自由主义反文化的三根支柱

自由主义的反文化依赖于三根支柱：首先，是对自然的大规模征服，由此导致自然遭到了难以恢复的破坏；其次，是一种新的时间观，在这种时间观中只有现在，没有过去和未来；最后，则是鼓励空间上的可替代性，并反对任何限制。这三者——自然、时间、空间——是人类经验的基础，也构成了文化的基础。自由主义的成功靠的是推翻它们，并代之以同名的模仿品。

这种反文化具有两种基本形式：它将非正式习俗视为应该被

---

①超级碗（super bowl），指美国职业橄榄球大联盟年度冠军赛，是全美收视率最高的电视节目之一，按惯例在中场会举行规模盛大的商业演出。——译者注

抛弃的重负，并代之以标准化法规；它又通过一个普遍的、同质化的全球市场的产物垄断了文化，就像农作物的单一化种植一样，摧毁了那些根植于本土经验、历史与空间的真实文化。由此，自由主义反文化使我们脱离具体的人和嵌入其中的社会关系，用抽象的、非个人化的法律取代了传统习俗。它将我们从个人性的义务与亏欠中"解放"出来，却又用滋彰的法令和全方面的经济风险使我们背上新的负担，而人们直到最近才逐渐意识到这一负担。为了确保个人的绝对自主，自由主义立法和自由市场用无处不在的反文化消灭了具体的、实际的文化。

这种反文化是我们自由的舞台。现在人们逐渐意识到，它是对我们的另一种束缚，甚至是对我们继续生存的威胁。得到解放的人既感到疯狂的愉悦，又在内心深处不断滋长着焦虑，他们失去了传统的指引与原有文化环境中最重要的遗产。这显示出自由主义的成功正在被侵蚀，并且在走向失败。荒谬的是，我们成了那些解放我们的事物的奴隶——伴随着科技对自然的控制而来的，是大规模的合法监视以及严密的社会控制。自由主义的帝国兴旺繁盛，现实中的自由却在衰弱。本应成为我们解放源泉的自由主义反文化，既促进了自由主义的成功，也推动它走向终结。

反文化与征服自然

自由主义的颠覆性成果不仅体现在政治领域，还体现在它成功地将自然与文化脱钩。按照自由主义的基本假设，自然状态下的人没有文化，而文化的出现则标志着人为雕琢与习俗惯例的产生，它在遵从自然的同时改造自然。最初，自由主义人类学将"自然人"设想为一种没有文化活动的生物，生活在没有任何人工巧饰的"自然状态"中。对霍布斯来说，自然状态下不可能产生文化，因为它缺少文化传播与保存记忆所必需的稳定性和持续性。让·雅克·卢梭在各个方面都反对霍布斯，他将自然状态视为一种相对和平稳定的状态。但他同样认为自然状态下不存在文化，以及早期人类是极端独立自主的个体。尽管卢梭用浪漫主义的设想取代了霍布斯对人性那冷酷、理性、功利的描述，但在他明显倾向原始主义的思想中，还是能够看到自由主义对自然和文化加以割裂的痕迹。

如今我们很容易区分"自然"（nature）和"养育"（nurture），但对前自由主义社会的人来说，这种区分是难以想象的。这场由自由主义引发的颠覆性变革至今仍能在"文化"（culture）一词中察觉到：该词与自然形态、自然活动有着密切关系，这突出体现在"农业"（agriculture）和"栽培"（cultivate）等词语中。就像植物离不开栽培、动物离不开养育一样，没有优良的文化，人类的潜能也就无法得到充分实现。这种观念对古代思想家来说是显而易见的，以至于柏拉图在《理想国》的前几章中并没有讨论政体问题，而是在讨论什么样的故事适合儿童。亚里士多德在《政治学》导论章节的结尾声称，第一位立法者最值得赞许的功绩，就是对人类的"进食和性"进行管理。这是人类的两种最基本需求：就进食而言，礼仪的发展引导人们节制食欲，以文明的方式用餐；而就性生活而言，一系列求偶风俗与习惯规范了性关系，并最终以婚姻来约束极其容易引发冲突的性行为。在亚里士多德看来，在进食和性方面未被驯化的人，是最为邪恶的生物，他们会损害他人以满足自己无度的欲望。习俗和礼仪绝非对人性的压抑，它们源于人性，受人性控制，对实现人性的圆满必不可少。

自由主义的核心目标之一，就是将人性从这些约束欲望的文化中解放出来，且最好是完全解放，以作为我们自由的条件。若这些欲望必须受到限制，也只能被置于统一的、同质化的法律管辖之下，而非用灵活多样的民间文化进行规约。尽管自由主义声称自己仅仅致力于约束和限制政府，但它的早期规划者欣然接受了一个强大且经常是专制的、依据特权行事的政府，这对于保障稳定和自由必不可少。从一开始，自由主义的支持者们就将社会文化对表达和追求欲望的限制视为障碍，认为这种限制不利于建成一个将充分发挥人类的缺点（如贪婪）作为发展引擎的社会。为此，需要国家权力来消灭这些约束欲望的文化规范。[①] 如今，伴随着自由主义在经济领域的成功，自由主义国家的力量越发聚焦于以自由和平等的名义，清除那些残存的、约束人们的消费欲和性欲的文化规范。只有自由主义国家批准的限制才是可接受的。

[①] Polanyi, *The Great Transformation*. See also William T. Cavanaugh, "'Killing for the Telephone Company': Why the Nation-State Is Not the Keeper of the Common Good," in *Migrations of the Holy: God, State, and the Political Meaning of the Church* (Grand Rapids, MI: Eerdmans, 2011).

自由主义认为，只有建基于民众同意之上的自由主义国家，才有权合法地限制人们的自由。

自主个体的解放不仅要求越发强化的国家机器，还要求不断地征服自然。这先是从根本上破坏了文化观念，然后又逐步破坏了文化现实。然而，文化是一种要求人类与自然以负责任的方式互动的"惯例"，人类应该遵从自然，在自然的边界和限制之内，适当地发挥自己的才智和创造力。

一种健康的文化类似于一种合理的农业模式：尽管依然是人为设计的结果，但农业发展应该考虑具体的地方条件（空间）与代际间的可持续性（时间），因此需要配合自然环境，而不是将自然环境视为实现无限欲望过程中的障碍。现代的工业化农业遵循的是自由主义模式，它热衷于用目光短浅的解决方案来克服自然限制，贻害无穷。这些短视的做法包括：大量施用化肥以提高产量，在湖泊和海洋中造成了大片的缺氧区；大规模种植转基因作物，而这些作物不仅基因延续状况不可控，还需要施用更多的除草剂和杀虫剂；用单一作物和单一种植方法取代多种多样的地方作物与地方经验；在畜牧业中过量使用抗生素，不仅导致细菌的基因变异加速，而且影响了抗生素对人类的疗效。这些工业化操作不仅完全忽视了地方特点与实践经验的决定性作用，而且完全消灭了现存的农业文化，本质上是反农业的。尽管它吹嘘自己"先进"，但它只在乎当下，也全然没有空间观念。

文化根植于人类对自然的极限、资源与需求的认识。这种认识无法被理论化，它是活生生的现实，在被消灭之前一般很难对其进行描述。① 相比之下，自由主义持续不断地致力于将文化与自然脱钩。这虽然将人类从自然的约束下解放出来，但也致使文化彻底陷入了相对主义，无法寻求普遍和持久。从弗朗西斯·培根开始，自由主义的目标就是征服自然并将人类从自然中解放出来，同时也热衷于攻击自然当中形成的文化规范及其实践。

靠破坏文化来征服自然的这种想法，在自由主义的大英雄约翰·杜威的作品中表现得最为直率。杜威认为自由依赖于对自然的积极控制，因此需要消除过去那些落后的传统信条与文化。他将人与自然的两种关系分别冠以"文明"和"野蛮"之名来加以描述：野蛮部落居住在沙漠里，他们努力调整自己以适应环境的限制，而这种调整"包含了最大程度的接受与忍耐，而他们身上

---

① 对这种认识的一种优美的描述，一种在其消逝以后的追忆，出自佛蒙特州的业余政治学家查尔斯·菲什（Charles Fish），他这般回忆自己从事农业的长辈："在我的祖母和叔叔们的世界中，上帝的神迹与自然的创造是并存的，这介于神圣与机械的规律运行之间。很难让他们描述上帝与自然之间的关系，或者要他们确定自己相信哪一个不存在。当气候或疾病带来灾害的时候，应当归咎于自然而不是上帝，但自然也不仅仅是一股凶恶的力量。尽管当自然试图摧残那些维系事物且使之具有价值的精妙纽带的时候，他们需要与自然搏斗，但他们也需要与大自然合作，充分利用大自然的更新与生长之力。他们不带偏见地听着'驾驭自然之力'之类的话，但除非以一种非常狭隘的方式，他们不可能真的这么想的。他们可以借助自然完成出色的作品，但将自然置于控制之下这种想法对他们来说不仅是亵渎性的，而且是荒谬且自以为是的。有许多事物提醒他们，他们并非造物主……他们用全部的力量与技艺劳作，但他们知道自己在自然之谜的核心工作，其中的动力是他们不能影响也不能预测的。" Charles Fish, *In Good Hands: The Keeping of a Family Farm* (New York: Farrar, Straus and Giroux, 1995), pp. 102–103.

则体现了最大程度的逆来顺受,以及最小程度的对环境的积极掌控"。居住在同一片沙漠里的"文明人"也会调整自己,但他们会"引入灌溉系统,满世界寻找适于本地环境的植物和动物,并通过精心的选择和培养来改善环境。最终,荒野中会长出玫瑰。野蛮人只知道习惯环境,文明人则有着改造环境的习惯。"[1]

杜威的思想可以追溯到他眼中历史上最伟大的思想家培根那里。他在《哲学的改造》(*Reconstruction of Philosophy*)一书中写道,培根告诉人们"科学规律不在自然的外表上,它们隐藏在自然界深处,必须运用复杂的探索技巧与自然展开激烈搏斗才能获得",而科学家"必须将自然的表象转变得不同于它们日常呈现的样貌,由此迫使自然讲出自己隐藏的真相。正如用严刑拷打迫使一个不情愿的证人老实交代一样"。[2] 如今的自由主义者不会采用这么露骨的表达,但他们并没有拒斥杜威在支配自然的过程中消灭文化的想法。他们接受了自由主义将人类与自然割裂开来的理念,并准备毫不留情地加大力度,以技术手段控制自然界(古典自由主义者),或者以技术手段控制人类基因的延续(进步自由主义者)。对于深深根植于自然,定义并限制人类本性的文化的厌恶,隐藏在自由主义理念的核心之中。

---

[1] John Dewey, *Reconstruction in Philosophy* (1920; New York: New American Library, 1950), p. 46.
[2] Ibid., p. 48.

时间感的丧失

除了改造政府体系，以及法律和政治秩序以外，自由主义还重新定义了人们对时间的认识。它试图改变人们关于时间的经验，尤其是人们与过去、现在和未来的关系。

社会契约论不仅将个体从人际关系和场所抽离出来，还将个体从时间上也抽离出来了。这是一种思想实验，在它当中没有历史和时间的概念，它适用于任何时代。这种自负最明显的原因在于，它的构想无所不包。像霍布斯所说，哪怕是锁门或锁柜子之类的日常活动，也能显示出人类天然就是不值得信任的生物。这掩饰了其中的深层含义：人类天然就是永远生活在当下的生物。社会契约论并不需要诉诸历史上的"社会契约"以寻求指导，它只需要一种信念，即人们天然就具有独立自主的能力，通过订立契约选择那些有利于自己的代理人。在此，自由主义又一次将"自然状态"变为了现实，而这种设想与前自由主义社会绝大多数人的实际经验并不相符。当自由主义政治秩序成为主流，历史经验变得不再重要，当下主义（presentism）成了现代生活的主要特征，而此种状态的实现，主要是通过拆解文化这一承载人类时间经验的容器来完成的。

自由主义内部转向"进步自由主义"，是当下主义不断发展，将无时间性作为武器的结果。和古典自由主义一样，进步自由主义同样根植于对过去，尤其是对传统习俗的强烈敌意之中。尽管它被广泛地理解为是面向未来的，但它实际上隐含了这样一种观念,即如果要解决现实问题,就必须摆脱过去的束缚,而未来的人们对我们当下的实践也应该持一样的态度。未来是不可知的,那些活在现在而又敌视过去的人只能对未来淡漠以待,最多也只能简单地相信未来会更好。持有这种时间观的人实际上相信,他们的"成就"都将被扫进历史的垃圾堆,未来的人会将我们视为落后的和必须加以超越的,每一代人都必须为自己而活。自由主义把人类变成了朝生暮死的蜉蝣,因此,它最终让每一代人都给后代留下了天量的债务,就一点也不令人奇怪了。人们在进步主义的信条下,对自然资源持续不断地过度开发,最终只能把资源枯竭的问题留给我们的后人。

这种时间观念的转变可以以两种不同形式来描述:前自由主义社会的人们认为时间是循环的,而现代人认为时间是线性的。尽管很有启发性,线性时间观依然依赖于过去、现在与未来之间的连续性。但在它的伪装下,自由主义实际上推广了一种断裂的时间观,它使人类对时间有了截然不同的体验,就像生活在不同的国家一样。

托克维尔注意到了自由主义的兴起与断裂的时间观之间的联系。他观察到,自由民主制天然倾向于当下主义。一个平等主义、强烈拒斥贵族制的社会,必然对过去和未来抱有怀疑,并鼓励人们只关心自己。他写道:"贵族制度把所有的公民,从农民到国王,结成一条长长的锁链;而民主制度,则打断了这条锁链,使其环环脱落……因此,民主主义不但使每个人忘记了祖先,而且使每个人不顾后代，并与同时代人疏远。它使每个人遇事总是只想到自己，而最后完全陷入内心的孤寂。"①

托克维尔还意识到这种断裂的时间观是如何催生出个人主义，而后者又是如何反过来对自由民主制的深层基础产生深远的社会、政治、经济影响的。他尤其忧虑于自由民主制下人们不能以整体性的时间观看待自己的行为，并不愿考虑自己行为的长期影响以及共同体的长远利益。在贵族制之下，人们通过代际顺序与出生地来定义自己，而在民主制之下，个体以追求解放的名义拒斥了这一定义。尽管从源自祖先的义务和对后代的责任中解放出来对个体是有益的，但断裂的时间观依然有着负面的政治影响。托克维尔认为，现代自由民主制有着强烈的只按短期利益行事的冲动，因此会损害后代的利益：

> 当人们一旦习惯于不再考虑死后将会如何的时候，很容易对未来采取满不在乎的态度，而这种态度又最适合人类的某些本性。只要人们不习惯于将自己的主要希望置于长远的目标，他们自然就想尽快实现眼前的一些小欲望……因此，在怀疑盛行的时代，最可怕的是人们不断受日常的偶发欲念的驱使，抛弃必须经过长期努力才能达到的目标，不肯去做

---

① Tocqueville, *Democracy in America*, p. 508.（译文引自《论美国的民主（下卷）》，第684页。——译者注）

伟大的、稳妥的和长期的事业。②

在托克维尔看来,这种只思考自己有生之年的事情,并且只关注即刻的满足与低级娱乐的倾向,是人类的本性。要想教化人们对这种本性进行反思,并使之更加温和,则需要依赖来自政治、社会、宗教与家庭各方面的规范与引导。但自由主义认为,我们的本性要求我们从持续的时间中获得解放,因此它将这些规范与引导视为实现不受约束的个人主义的阻碍。那些阻止我们陷入当下主义,并教导我们记住过去,对未来负责的文化规范被瓦解了。由此,我们获得了即刻的自由,却也陷入了对除当下以外所有时间的"极端冷漠"之中。

托克维尔意识到,这种"极端冷漠"不仅会体现在政治领域,也会体现在经济领域。他担心,那些使人们避免过分狭隘的规范的瓦解,会破坏人们的命运共同体意识。时间感断裂,以及由此导致的人们内心的孤独感,会使人们更加沉浸于个人成就,并在经济上的成功者与不幸者之间造成物理和心理上的双重隔离。他预言,一种新的贵族统治将会产生,但它那诞生于断裂感的"极端冷漠"会使它比被取代的旧贵族统治更加糟糕:"旧时代的地方贵族,都在法律上或自己认为在习俗上,对自己的下属负有救济和减轻他们的困苦的义务。但是,现代的实业贵族,把他们所使用的人变穷和变蠢以后,在遇到经济危机的时候便把他们推出

---

① Tocqueville, *Democracy in America*, p. 548.(译文引自《论美国的民主(下卷)》,第743页。——译者注)

工厂的大门,让社会去救济他们……工人和老板虽然时时发生关系,但彼此之间并无真正的结合。"[①] 时间感的断裂被视为一种自由,它使我们免于承担那些来自过去和未来的人们的责任,最终,还有那些来自当下他人的责任。

不妨将文化理解为一种集体信托。文化的实践是发生在当下的,但它实际上将当下同过去与现在联系起来。正如希腊人的理解,文艺女神缪斯的母亲谟涅摩叙涅(Mnemosyne)的名字,代表的是记忆。文化告诉我们代际之间的责任与义务。在最理想的情况下,它是一笔清晰可见的遗产,我们每个人都承担着托管责任。对人类而言,文化是一种全方位的时间教育,旨在抵御我们仅仅活在当下的诱惑,以及随之而来的忘恩负义和不负责任的倾向,而时间感的断裂则会助长这种倾向。文化保存在具体的人类遗产中——艺术、文学、音乐、建筑、历史、法律、宗教,它扩展了人们对时间的体验,使过去和未来呈现在人们眼前。如果没有文化,人类就只能活在浅薄的当下。

无处安放又无处不在的自由主义

自由主义同样支持一种空间感的缺失。"自然状态"假设了一种没有空间的状态,在这种设想中,抽象的个体生活在同样抽象的地方。自由主义不仅建立在人类没有祖先这一人类学假设

[①] Tocqueville, *Democracy in America*, pp. 557—558. (译文引自《论美国的民主(下卷)》,第757—758页。——译者注)

上——就像霍布斯所描述的，人"像蘑菇一样从土里长出来，彼此不承担任何责任"，它还假设人类没有来路。① 人只是由于自己父母、所属宗教或习俗专断的意愿，才偶然地在某个地方出生长大。人应该自由地选择自己的生活地，正如自由选择一切社会关系、社会组织与宗教信仰一样。

这不是说，那些被更紧密地嵌入文化环境的人不会更换自己的生活地。但自由主义创造了一种迥然不同的、激进的、"不言自明的"无空间感（placeless），它在开始时只是一种理论，最终却重塑了整个世界。就像托马斯·杰弗逊在《独立宣言》的初稿中仿效洛克的口吻所说的，离开自己的出生地是自由人最基本的权利。② 无依无靠是我们不言自明的初始状态。

这种默认的无空间感，是自由主义诸多侵蚀文化的方式中最微妙、最不易察觉、扩散性最强的一种，它将个体引入了一种不负责任的反文化中。肯塔基州的农民、小说家、诗人、作家温德尔·贝里是最敏锐地察觉到现代生活这种腐蚀效应的人之一。贝里是地方社群的一个毫不妥协的捍卫者，他认为社群是一系列丰富的人际关系的总和，一种源自共同记忆与传统的风俗习惯情结，以及一系列建立在人与具体的地点之间的纽带。它不可携带、不

---

① Thomas Hobbes, *On the Citizen*, ed. and trans. Richard Tuck and Michael Silverthorne (Cambridge: Cambridge University Press, 1998), p. 102.
② Thomas Jefferson, *A Summary View of the Rights of British America. Set Forth in Some Resolutions Intended for the Inspection of the Present Delegates of the People of Virginia. Now in Convention. By a Native, and Member of the House of Burgesses*. (Williamsburg: Clementina Rind, 1774).

可移动、不可替换、不可运输。①社群远非一群基于个人发展而走到一起的自利个体的总和,而是"依赖于一系列共同美德,如信任、善意、宽容、自制、同情与怜悯"。②

贝里坦然承认,社群当中充满了约束与限制,但这正是它的吸引力所在。社群是一个滋养人类生活的好地方,这要求文化、纪律、限制和规范。作为对亚里士多德的呼应,在最基础的层面上,社群既源自良好的家庭生活,又反过来促进家庭生活。若缺乏社群的支持,家庭生活很难长期维系。在贝里看来,这是因为家庭生活建基于对沉浸于自我满足的个人主义倾向的限制之上,尤其是对性欲的约束。他评论道:

> 诸如婚姻、家庭、工作与权威的划分,以及对儿童和年轻人进行教育指导等制度安排之所以存在,部分地是为了减少两性关系的危险与不稳定性,保存它的能量、它的美与它的愉悦感。它不仅将丈夫和妻子联系起来,还将父母与孩子联系起来,将家庭与社群联系起来,将社群与自然联系起来。要尽可能地确保性活动的继承者,在达到一定年龄后,配得

---

① 通过贝里的小说而非文章可以更好地理解他的思想。贝里的小说设定在虚构的威廉港(Port William),描绘了一个田园牧歌般(尽管并非完美)的社群,人与空间、土地的密切联系是该社群的显著特征。贝里描述道:"通过这个虚构的地方……我意识到我出生地的风光与社区是世界上独一无二的,是上帝的杰作,有着内在的神圣性,对其的任何人为估价都是可笑的。" Berry, "Imagination in Place," in *The Way of Ignorance*, pp. 50–51.
② Wendell Berry, "Sex, Economy, Freedom, and Community," in *Sex, Economy, Freedom, and Community: Eight Essays* (New York: Pantheon, 1994), p. 120.

上这种行为。①

社群维系着那些地方性的生活方式与准则，鼓励人们对性关系采取负责任与互相约束的态度，意在培育强有力的家庭纽带，这构成了社群健康发展以及传承文化传统的基础。因此，社群不同意"天赋人权"的绝对说法。比如，贝里就坚持认为，只有那些符合社群内部的体面标准，并有利于促进和维系社群道德生态的个人权利才是正当的。他明确捍卫社群特权，要求将某些书从学校教育中删除，并坚持将《圣经》作为"上帝的话语"引进课堂。他甚至认为，"国内社群生活的未来需要依赖私立学校和家庭教育"②。家庭是文化习惯与实践的摇篮，它能够培育那些促使人类共同繁荣的智慧、判断与地方知识。这些内容才应该在教育中占据首要地位，对于抚养社群中的儿童必不可少。

社群始于家庭，外延至对公共利益的适当关切。对贝里来说，公共利益只有在较小的、地方性的背景中才能实现。这些领域无法明确定义，但贝里似乎支持以乡镇作为社群的基石，更大的地域范围则主要适用于经济活动而非人际关系领域。他并不敌视国家或者国际范围内的公共利益，但他认为这些更大的地域范围过于抽象，通常会忽视真实的个体生活。对这些较大的领域来说，

---

① Wendell Berry, "Sex, Economy, Freedom, and Community," in *Sex, Economy, Freedom, and Community: Eight Essays*, pp. 120–121.
② Ibid., p. 157.

只有它们的组成部分各自繁荣兴盛，它们本身才会兴盛。而现代自由主义却与之相反，坚称大型地域组织对那些较小的地域组织具有优先权，在一个充满了特殊性和多样性的世界里强行推行同质化标准。人们可以在自由主义社会的每一个领域里看到这种倾向：从教育到统一规范全国性道德的法庭裁决，从经济标准化到执行监管框架。① 现代政治诞生于一种支持人类不断扩大控制范围的哲学，它天然倾向于迫使所有特殊性屈从于市场逻辑，压榨性地开发地方资源，并且以进步和理性的名义，对多样化的地方习俗与传统抱以敌视的态度。

正如贝里所指出的，现代政治对地方多样性十分厌恶，尤其厌恶那些不接受现代化带来的物质进步、经济增长，以及阻碍个人自由流动和效率提升的地方规范。② 贝里强烈地批判现代国家

---

① 为了避免对这种通过国家层面，甚至是国际层面的立法实施的自由主义"标准化"的批评看起来只是把左派或民主党列为唯一的应受责备者，可以看看尼娜·门德尔松（Nina Mendelson）于2006年7月5日发表在《纽约时报》上的文章"Bullies along the Potomac"。http://www.nytimes.com/2006/07/05/opinion/05mendelson.html. 在文中，门德尔松提到，共和党控制的、远远没有支持州权的国会，在过去五年通过了27项法案，"在从空气污染到消费者保护的广泛领域授予联邦政府权力"，其中包括一项名为《国家统一食品法》（National Uniformity for Food Act）的法案。在教育领域，可以回忆一下小布什总统标志性的《不让一个孩子掉队法案》（No Child Left Behind Program）带来的标准化效应，或者小布什总统的教育部长玛格丽特·斯佩林斯（Margaret Spellings）主导的未来高等教育委员会在高等教育领域推行标准化的兴趣。
② 贝里的立场同历史学家克里斯托弗·拉希（Christopher Lasch）的批评与关切有很多类似之处，见拉希的 *The True and Only Heaven: Progress and Its Critics* (New York: Norton, 1991) 以及 *The Revolt of the Elites and the Betrayal of Democracy* (New York: Norton, 1994)。

与现代经济带来的同质化。[①]他坚定地捍卫社群意识与传统意识，这种意识经常抵制自由主义经济发展与进步的逻辑。他赞同詹巴蒂斯塔·维科（Giambattista Vico）的观点，后者是笛卡尔和霍布斯式理性主义的早期批评者。贝里支持维科称之为"共同感"（sensus communis）的情感，这种"共同知识"是经验与实践的产物，是无数智慧的累积，而这种智慧来自一起生活过、共同承担过苦难、分享过喜悦的人们对自己行为的不断总结与纠正。如果未经审慎考虑，缺少对共同感受的尊重，这些建基于先验的权利意识的规则和实践是无法被强制推行的。[②]这并不是说传统不能被改变，但正如柏克（Edmund Burke）所说，变革必须源自其内部，并获得那些生活在其中的人们和社群的理解与支持。在贝里看来，这是一种对"共同感受"的尊重，一种通过经验、记忆与传统而非专业技术理解世界的方式。他认为这是很多民主意见的源泉，但自由主义却对其弃如敝屣。

[①] 这种对地方多样性的捍卫始于而非终于对农业多样性的捍卫。农业多样性不仅有利于农业发展，更有利于避免一个同质化的体系在灾难面前的脆弱性，这既包括自然灾难，也包括恐怖袭击之类的人为灾难。见贝里的"Some Notes for the Kerry Campaign, If Wanted," *The Way of Ignorance*, p. 18. 贝里正确地估计，克里（Kerry）会注意到他的建议。
[②] 在批评外部强制推行的"逻辑"方面，贝里的观点类似于迈克尔·奥克肖特（Michael Oakeshott）。见奥克肖特的"Rationalism in Politics," in *Rationalism in Politics and Other Essays* (New York: Basic, 1962), 以及 *The Politics of Faith and the Politics of Scepticism* (New Haven: Yale University Press, 1996)。

文化之死与利维坦的崛起

表面上，如今的主要政治参与者们都在争论，自由主义国家和自由市场哪个能更好地保护民众。但实际上，他们在齐心协力消灭真实的文化。自由主义法制体系与市场体系正在共同摧毁文化多样性，并代之以一种法律和经济领域的垄断文化——更确切地说，是一种垄断的反文化。个体脱离了具体的历史与生活实际，成了政治经济体系里一颗随时可以被替换的螺丝钉。

亚历山大·索尔仁尼琴（Aleksandr Solzhenitsyn）清晰地意识到了自由主义秩序核心的这种无规则性，它源自自由主义在"法治"的旗号下，用成文法典掏空了所有社会规范与习俗。在他1978年于哈佛大学所做的争议性演讲"一个分裂的世界"中，索尔仁尼琴批判了一切依靠"合法性"的现代自由主义。霍布斯和洛克将法律理解为限制性的"藩篱"，而非促进个体完善的工具。因此，自由主义法律被认为是对我们自然权利的限制，是被强加的，非必要不应立法。它不涉及任何"完善"的概念，也与自然法的规范无关。这导致人们倾向于最大限度地追求自身欲望，并受到最小限度的法律约束。正如索尔仁尼琴所观察到的：

> 遵守法律变成了对个人的全部要求，没有人会认为个人应该追求（法律之外的）完善与正义，也没有人会呼吁人们自我约束或放弃一些权利，呼吁牺牲与无私奉献——这听起

来很荒唐。自愿的自我约束已经不复存在，每个人都只希望争取在合法范围内实现个人利益的最大化。①

索尔仁尼琴击中了自由主义不断堕落的要害与最根本的弱点：它无法维系自治。

索尔仁尼琴在哈佛大学发表这篇演讲是非常合适的。这所美国最优秀的大学，和其他美国顶级大学一样，曾经是精英文化规范的重镇，如今却成了自由主义反文化的传播者。名牌大学，以及更广泛意义上的整个教育体系，在推进自由主义那打着"从历史中得到解放"的名义进行的破坏文化规范与实践的事业方面，扮演着急先锋的角色。教育界在推行反文化，以瓦解性规范与经济规范方面发挥的作用，目前仍被明显低估。性规范与经济规范的瓦解都被冠以解放人类意愿的名义，但实际上它代表的是消费主义、享乐主义与短视。自由主义的两个当代分支——"进步主义"和"保守主义"，都认为这两个方面中的一个是有问题的，却将另一个作为其主张的核心。这又一次反映了自由主义的隐藏之深与无处不在。

大学始终位于性解放运动的最前线，国家的最高学府转而皈依了个人解放的当代正教。斯蒂芬·加德纳（Stephen Gardner）描述过这种新兴宗教的核心教义："在现代社会中，性爱被吹捧到宗教狂热的高度。所有人都对自己的'个性'深信不疑。肉体

---

① Aleksandr Solzhenitsyn, "A World Split Apart," in *Solzhenitsyn at Harvard*, ed. Ronald Berman (Washington, DC: Ethics and Public Policy Center, 1980), p. 7.

必须满足欲望的需求,因为欲望来源于个人的自主意愿。"① 如今的自由主义教育体系,致力于生产这种"自然状态"下的个体。他们只尊重个体的天然自主,而不尊重任何外在规范。

性解放的结果之一,就是美国的大学抛弃了那些长期用于规范学生行为的指导准则。此前的高校曾经"站在父母的立场上代行其职"(in loco parentis),就学生们的宿舍生活、约会、互相拜访与行为举止制定了严格的规范。成年人——经常是神职人员——被认为有义务教育青年人成为负责任的成人。在学生们从这些保姆式的监督教育中解放出来半个世纪后,他们并没有获得无尽的快乐,反而获得了普遍的困惑与混乱,以及由于"家长缺席"(in absentia parentis)而产生的新产物——家长主义的国家。

那些长期存在的、通过礼仪与道德教育规范个体行为的规则与文化,如今逐渐被视为对个人自由的压迫。以自由之名,这些规范被消灭,这导致了无处不在的对自由的滥用。没有习俗与规范能被用于规范人的行为,尤其在性关系方面。联邦政府被视为唯一有权矫正人们行为的合法机构,人们指望它能重新建立起规范。然而,在消灭地方文化的浪潮中,那些培育自治的规范已不复存在,因为它们构成了对自由的不正当束缚。于是,如今只剩下了以事后惩罚作为威胁这一条路可走。大多数社会组织都不再寻求依靠陶冶情操与培育美德来教化人们,而是将重点放在了对

---

① Stephen Gardner, "The Eros and Ambitions of Psychological Man," in Philip Rieff, *The Triumph of the Therapeutic: Uses of Faith after Freud* (Wilmington, DE: ISI, 2006), p. 244.

那些伤害别人的人进行惩罚上面。

这个去道德化的故事就是霍布斯叙事的微观版。首先，传统文化必须被视为不公正的和专制的，因此必须被消灭，而人成了"自然人"。然后，会出现一种没有任何规范的无政府状态，即"自然状态"。这种无政府状态是人们无法接受的，因此我们会寻找一个中心化的主权者作为我们唯一的保护者，这个"人造上帝"将会保护我们免于互相伤害。我们从所有的习俗与传统，以及所有试图在社群中教育我们的权威中解放出来，取代这些的是一种遥远的权威，每当我们滥用自由，它便会施以惩罚。如今，已经没有了任何非正式的、地方层面的权威。我们实际上已经默认了，对自由的滥用会一直存在，因此国家必须不断介入个人事务。

这种对欲望的解放同样发生在经济领域。在这一领域，丰富多样的经济文化被代之以同质化的"经济规律"，人们追求欲望的活动与公共利益完全脱节。唯一可靠的只有由自由主义国家推行的抽象且遥远，实际并不可靠的市场监管。正如此前多样的校园文化被摧毁后，行政机构完全无力管理校园，因而在一种自由放任的混乱中，"强奸文化"得以兴盛，"市场经济"同样摧毁了一个具有多元经济文化的世界。2008年的世界经济危机，归根结底就是过去用于规范信贷发放的文化消失的结果。贷款在历史上被认为是绝对地方性的，基于漫长时间与固定空间里发展而成的密切关系。曾经有一些法律禁止银行在本地社区以外开设分行，就是出于这种理念，即贷款发放应该基于信任与地方知识。这些法律与文化支持这样一种观念，即银行家的利益与更大的社群的利益是一致的。① 信贷市场不是一个供一堆抽象的、匿名的法人进行较量的搏斗场，而是一个要求信任、名誉、记忆与责任的有组织的地方。正如摩根财团的合伙人托马斯·拉蒙特（Thomas Lamont）在1928年所说："社群要求银行家成为一个诚实的观察者，他要持续地、谨慎地研究自己周边的状况，包括金融状况、经济状况、社会状况和政治状况，他必须对所有这些都有着广泛而深刻的认识。"②

到了2008年，金融业已经完全丧失了这种根植于自然、时间与空间之中的文化，就像大学校园里发生过的一样。确切来说，当今大学生在校园里体验过的宿舍舞会与兄弟会经历，就是为他们更体面地进入抵押贷款市场，以及华尔街的欺诈狂欢而做的理想准备。抵押贷款行业如今所依赖的正类似于大学里的"勾引技巧"。任何一个陌生人的无度欲望都可以得到满足，而丝毫不必考虑这对社群有什么影响。免责的廉价信贷似乎可以实现双赢，而且能让人们从旧的金融秩序中解放出来。但同样像在大学校园里发生过的一样，这导致了普遍的不负责任与滥用，损害了社群，更摧毁了人们的生活。而自由主义者们对此的回应也是一样的：

---

① Simone Polillo, "Structuring Financial Elites: Conservative Banking and the Local Sources of Reputation in Italy and the United States, 1850–1914," Ph.D. diss., University of Pennsylvania, 2008, p.157. 我是通过马修·克劳福德（Matthew Crawford）的《塑造灵魂的工艺课》（*Shop Class as Soul Craft: An Inquiry into the Value of Work*）注意到这一研究的。
② 转引自 Polillo, "Structuring Financial Elites," p.159。

呼吁更多的政府监管，仔细检视那些无度的欲望，用刑罚的威胁（虽然极少实施）以及行政国家的大规模扩张来监督人们的基本互动。从地方市场文化的限制中获得解放并没有带来完美的自由，而是带来了利维坦的扩张。对文化的毁灭没有带来自由，而是带来了无力感和束缚。

文化的消亡，是个体从社会中脱嵌，市场经济变得越发无处不在，以及国家权力越发强大的先决条件。在一个非正式的文化规范因"个人解放"而不断崩塌的社会里，人们需要的是触手可及的权威。在这些规范消失后，个体可以随心所欲地追求自由，实现欲望，只要不触犯法律或造成显著的伤害。但是如果没有那些在文化习俗与期望中形成的行为指导准则，自由个体就必然陷入冲突之中。唯一可以调和这些冲突的就是国家。这导致国家法律与政治不断介入地方事务，而这些事务本来可以由文化规范处理。自由主义中的个人主义要求毁坏文化，而随着文化的衰退，利维坦逐渐强盛，负责任的自由也随之衰弱。

自由主义的寄生

人们不愿承认当下随处可见的反文化。自由主义寄生进了那些地方文化与传统让出的空间里，并破坏或压制它们——或者在更多情况下，对它们进行重新定义。我们的文化不再根植于地方，经受时间考验，我们的音乐、艺术、故事、食物和我们的邻居、亲人与社群不再密切相关。相比之下，我们更喜欢打包好的、经过市场检验的大众消费品，它通常以商业符号掩盖其文化实质的空洞。许多事情足以表明，我们正在丧失自食其力的能力，例如马修·克劳福德（Matthew Crawford）[①]被广泛阅读和讨论的、关于工艺课衰落的著作，以及最近一份指出购买并维修钢琴的家庭数量日益减少的报告。前者体现了我们越发忽视如何制造和修补东西，后者则表明家庭演奏正在被批量生产的音乐所取代。[②]

有一种鸟叫作棕头燕八哥，它会在两百多种鸟类的巢中产卵，并且让这些鸟将雏鸟视为己出，抚养长大。自由主义在其隐蔽的实践中就是这样做的：在自由主义统治之下，自由主义文化寄生在原有的实际文化之中，用自由主义的模仿品取代原有的文化；而民众们意识不到其中的不同，热烈地欢迎这些模仿品。这种"文化"通常是单数，而非复数的，但真实的文化却是具有多样性、地方性和独特性的。我们一般称这种模仿品为"流行文化"，它是一种由商业企业创造的、市场导向的标准化产品，用于满足大众消费需求。文化本应是地方和历史经验、历史记忆的积累，而自由主义的"文化"却是空洞的，其中的地方经验被抽空，历史记忆被抹去，更看不出地域的区别。大量真实的文化被代之以所

[①] 马修·克劳福德，美国作家，代表作为《塑造灵魂的工艺课》（Shop Class as Soulcraft）和《我们为何驾驶：通向开阔大道的哲学》（Why We Drive: Toward a Philosophy of Open Road）。其作品主要关注科学技术对个人精神的影响。——译者注

[②] "No Longer the Heart of the Home, the Piano Industry Quietly Declines," New York Public Radio, January 6, 2015, http://www.thetakeaway.org/story/despite-gradual-decline-piano-industry-stays-alive/.

谓的"多元文化主义",但那只不过是把真实的文化变成了一种同质性的自由主义文化,再随意地饰之以一些民族化的装扮。"多元文化主义"中的"主义"二字,就是自由主义击败具体文化的象征。即便这些文化已经被弥漫的反文化所取代,"多元"的话语依然被自由主义理论用于让个人同真实的文化相脱离。以相同的方式对待所有的文化等同于没有文化。"多元主义""多样性""多元选择"……这些呼声越强烈,真实文化受到的破坏就越大。我们的初衷是实现文化多样性,但却创造了大量同质化且均一的依附性个体,这导致了普遍的社会冷漠。

相比之下,尽管真实文化是丰富多样的,它们却通常有着一些共同点:相信人性与自然界之间存在一致性;过去与未来都同当下有关的时间观念;对乡土具有神圣感,以及对故乡的养育之恩怀有深刻的感恩之心与责任感。自由主义从根本上拒绝这些文化的基本方面,在它看来,人与自然的一致性,代际之间的义务与责任感,以及强烈的地域认同都在限制一个人自我塑造的机会。文化是对自由个体的最大威胁,自由主义的主要目标与最大成就之一,就是导致了人与自然的对抗,让人普遍遗忘过去并对未来漠不关心,让人们完全无视了数代人生于斯长于斯的故土,并在此基础上重塑了世界。自然、时间、空间——这些都被一种独特而统一的反文化所取代,这是自由主义的巨大成就,也是我们继续共同生活面临的最大威胁之一。自由主义的成功,又一次为它的毁灭创造了条件。

第四章

技术剥夺自由

数千年来，对技术的本质一直有着诸多的赞美与误解。但一直到现代——大约伴随着工业革命，我们才进入了所谓的"科技时代"。尽管我们始终都是技术的产物，但同古人相比，我们对技术的依赖依然有着显著的不同，与此同时，我们对技术的态度以及同技术的关系也随之改变。人们很难想象前现代的诗歌、文学或歌谣会表现一个被技术广泛渗透的社会，没有哪部杰出的中世纪作品主题是对马镫和马颈圈的赞美之情。我们同技术发生的理性或情感关系——无论是对人类进步前景的乐观设想，还是对技术可能带来世界末日的深刻恐惧，都是现代社会的产物。[①]

至少从玛丽·雪莱（Mary Shelley）[②]的小说《弗兰肯斯坦》(Frankenstein) 开始，对技术在我们生活中所扮演的角色的两种不同态度——乐观与不安，就是现代社会中重要的表达与娱乐形式。近些年来，这一类型的作品尤其受到欢迎。它们不仅体现了科学技术的潜在前景与威胁，还尤其强调了它阻止或导致世界末日的可能性。就我未经检验的印象而言，反映此类主题的作品比以往任何时候都更受欢迎。虽然来自核武器的威胁已经逐渐消退，

[①] Brett T. Robinson, *Appletopia* (Waco, TX: Baylor University Press, 2013).
[②]玛丽·雪莱（1797—1851），英国著名小说家，诗人珀西·雪莱的妹妹，其代表作《弗兰肯斯坦》被公认为文学史上第一部科幻小说。——译者注

但我们又有了新的隐忧：从医学灾难到智械危机，从灾难性的气候变化到人类灭绝的恐惧。

在过去几十年里，有数部电影描绘了失控的技术力量导致世界末日，而人类与之英勇奋战的故事，大多数情况下这些电影以人类的胜利结局。这些威胁包括小行星撞击地球导致的物种灭绝，比如《世界末日》（*Armageddon*）以及《天地大冲撞》（*Deep Impact*）；外星人入侵，比如《独立日》（*Independence Day*）、《世界之战》（*War of the Worlds*）以及《洛杉矶之战》（*Battle:Los Angeles*）。在《2012》中，人类在玛雅历终结之日迎来了一场大灭绝。在所有这些电影里，科技都以不同的方式成了人类最终战胜威胁或幸免于难的关键。

但最近的一些作品似乎更关心科学技术成为我们末日的来源的可能。一些近年来的电影重新带回了核末日的阴影，比如《艾利之书》（*The Book of Eli*）或《末日危途》（*The Road*）。其他作品则担心我们会因气候变化而灭亡，比如《后天》（*The Day after Tomorrow*）。也有一些作品讲述了医疗实验造成大灭绝的故事，例如《我是传奇》（*I Am legend*）、《隔离区》（*Quarantine*）、《传染病》（*Contagion*）以及《猩球崛起》（*Rise of the Planet of the Apes*）。还有一些故事设想我们的技术研发失败，转而成了对我们的威胁，比如"终结者"（*Terminator*）系列，还有最近的《末世》（*Revolution*）系列剧集，它描述了当所有机器都无法操作、电力无法供应时会发生什么。颇为成功的家庭票房电视网（Home Box Office，

HBO）出品的剧集《西部世界》（*Westworld*）则讲述了相比于越发去人性化的人类，机器开始变得越来越人性化，并模仿着成了我们本应成为的更好版本。类似地，网剧《H+》描述了一个纳米技术高度发达，人类体内普遍植入芯片的未来，这使得他们可以直接接收数据、文本与电子邮件，而无需手机和电脑。这些作品通常以超人类主义技术乐观派们的胜利宣言开头，然后科技很快就变成了致命元凶，造成了人类的大规模毁灭。

近年来科幻作品的变化反映了社会上广泛存在的、对于本应用于解放我们的技术的无力感，甚至是对它可能成为一种新的束缚的担忧。这些电影和剧集反映了我们关于科技将会开启一个自由新纪元的乐观的，甚至是疯狂的信条，是如何通过各种方式导致我们沦为这些技术的仆从的。人类发现科技最后会统治甚至摧毁自己，而不是为人类所用，让自己变得更好。

安卓[①] 时代的人类

尽管相较影视作品更少戏剧性，但也有大量的学术研究关注我们是如何屈服于技术的改造作用的。一个典型案例就是互联网和社交媒体如何无法避免地改变了我们，而这种改变大概率趋向更糟糕的结果。最近有几部书和作品描述了这些技术对那些欣然

---

① Android，既是知名的系统名称，又意指"机器人"。——译者注

接纳它们的受众产生的坏影响,其影响力超出了学术界。例如,尼古拉斯·卡尔(Nicolas Carr)在其广受讨论的作品《浅薄》(*The Shallows*)一书中,描述了互联网如何改变了我们,把我们的大脑变得与前互联网时代全然不同。借助大脑可塑性方面的最新研究成果,卡尔指出,长时间使用互联网在生理上改变了我们的大脑,以及我们思考、学习、行动的方式。他声称,长期使用互联网会改变我们的神经突触,使我们渴望看到迅速更新的图像和文本,从而减弱我们集中注意力的能力。在卡尔看来,这些改变并非全是坏的,因为大脑的一些功能区域也得到了提升,尤其是那些与决策和解决问题相关的区域。但与这些收获伴随而来的是语言、记忆与注意力集中能力的显著丧失。他认为,人类正在变得更浅薄,不仅仅是文化上肤浅,而且是生理上的改变,互联网让人类变得更蠢了。①

其他一些作品则强调了互联网和社交媒体对我们社交行为与亲密关系的影响,这些影响通常是负面的。在《群体性孤独》(*Alone Together*)一书中,麻省理工学院教授雪莉·特克尔(Sherry Turkle)用大量证据表明,社交媒体的广泛运用在摧毁原有的社群的同时,并没有创造出新的社群作为替代品。特克尔提醒我们,"社群"(community)一词的原意是"互相给予",而这要求"空间邻近"与"共担责任"。社交媒体的迅速发展创造了一种新的

---

① Nicholas Carr, *The Shallows: What the Internet Is Doing to our Brains* (New York: Norton, 2010).

社会关系，它不需要上述要素，用一种更浅薄、更短暂的"网络纽带"取代了原本基于共同生活的更深厚的社会关系。特克尔并无怀旧之情，她承认旧的社群生活有其不便甚至糟糕的方面。例如，当她回忆自己祖父母曾经生活过的社区时，指出那里的生活"充满了敌意"。但她也写道，这种生活的厚度能够培育持久关系，这使人们在需要时可以相互帮助。特克尔担忧，我们不仅在失去社群的生活体验，也在丧失构成社群所必需的深厚人际纽带。我们对社交媒体的过度关注侵蚀了这些纽带，并用一种苍白无力的替代物来填补其留下的空白。社交媒体成了它们所摧毁事物的劣质替代品，而特克尔对我们能否减缓这一进程表示悲观。在最好的情况下，我们可以限制孩子们对互联网的使用，但特克尔似乎认为这一现代潮流不可能从根本上得到扭转。①

这些近年来的作品延续了批评技术的传统，即着重指出技术对我们的改变，尤其是技术摧毁了长久的生活方式，破坏了文化的根基。这种文化批评有着悠久的历史，从刘易斯·芒福德（Lewis Mumford）②对现代主义的批评，到雅克·埃吕尔（Jacques Ellul）③强调技术以功利和效率的名义抹杀了一切的《技术社会》（*The Technological Society*），再到最近的温德尔·贝里——他认

---

① Sherry Turkle, *Alone Together: Why We Expect More from Technology and Less from Each Other* (New York: Basic, 2011).
②刘易斯·芒福德（1895—1990），美国城市规划理论家、历史学家、社会哲学家，代表作有《城市发展史》《技术与文明》等，是人文主义技术哲学的开创者。——译者注
③雅克·埃吕尔（1921—1994），法国著名学者，当代最有影响力的技术哲学学者之一，人文主义技术哲学的重要代表人物。——译者注

为机器与技术有其自身逻辑,它们倾向于摧毁社群的传统与实践。这一文化批评传统中最有影响力的代表或许是尼尔·波斯曼(Neil Postman),他的《技术垄断》(*Technology*)一书出版于1992年,其副标题十分坦率:"文化向技术投降"(*The Surrender of culture to Technology*)。

在这部书里,波斯曼描绘了他称之为"技术统治时代"的现代社会的崛起。波斯曼写道,前工业时代的文化与社会组织对技术的使用并不比技术统治时代要少,但是"工具都不会侵害(更加准确地说,发明它们的目的不是要侵害)它们即将进入的文化的尊严和完整。除了少数例外,工具都不会妨碍人们去相信自己的传统和上帝,不会妨碍他们相信自己的政治、教育方法或社会组织的合法性。"[1] 相比之下,在技术统治时代,工具持续不断地改变了人们的生活:"一切都必须给工具的发展让路,只是程度或大或小而已……工具没有整合到文化里面去,因为它们向文化发起攻击。它们试图成为文化,以便取而代之。于是,传统、社会礼俗、神话、政治、仪式和宗教就不得不为生存而斗争。"[2] 从技术统治时代,我们又进入了"技术垄断时代"。在这一时代,一种进步意识形态统辖着一个文化扁平化的世界,由此导致了"一切形式的文化生活都臣服于技艺和技术的统治"。在技术垄断时

---

[1] Neil Postman, *Technopoly: The Surrender of Culture to Technology* (New York: Vintage, 1993).(译文引自尼尔·波斯曼:《技术垄断:文化向技术投降》,何道宽译,中信出版社,2019年,第23页。——译者注)

[2] Ibid., p. 28.(译文引自《技术垄断:文化向技术投降》,第29页。——译者注)

代，幸存下来的残余文化习俗让位于一个经历了大转型的世界，在这个世界中，技术本身就是我们的文化——或者是反文化，它是一种取代文化习俗、记忆与信仰，旨在摧毁传统和侵蚀风俗的动力。

这些批评都认为技术正在改变我们，而且通常是把我们变得更糟糕。我们成了技术的奴隶，在其变革性力量面前越发感到无力。我们的不安来自这种观念，即我们可能再也无法控制技术的发展，而它本应成为我们获取自由的工具。

更深层次的不安或许来自，我们相信技术的进步是不可避免的，无论我们怎样警惕都是如此。一种黑格尔式或达尔文式的叙事支配着我们的世界观。我们似乎必然要么创造出自己的毁灭者，要么像李·西尔弗（Lee Silver）在《再造伊甸园》（*Remaking Eden*）一书中所写，进化成一种我们有十足理由恐惧的、完全不同的生物。我们的流行文化就像一个电子预言家，预见了未来却无法让每个人都信服。为了缓解不安，我们的文化提供了一些有趣的预言，靠描绘自己的无能为力来分散注意力，勉强获取一些乐趣。

这种技术（以及政治）的不可避免性的一个例证，是弗朗西斯·福山那篇后来被扩写成一本书的著名文章——《历史的终结》，尽管它采取的是胜利者的口吻。此书就无法摆脱的科学逻辑提供了一种唯物的解释，这种逻辑由持续不断的军事技术需求驱动，最终促成了自由主义国家的崛起。在福山看来，只有自由主义国家能够为开放的科技探索提供环境，从而实现军事科技的充分发展。因此，出于军备竞赛的需要，其他所有国家都只能遵循这种科学逻辑。然而，就在另一本仅仅写作于十年后的书《我们的后人类未来》(*Our posthuman future*) 中，福山就承认，这种逻辑最后可能改变人类自身的本性，并最终危害它曾经支持的自由民主政治秩序。①

另一些作品则认为，技术的这种不可避免性来源于嵌入现实世界本质属性的诸多力量。经济史学家罗伯特·海尔布隆纳(Robert Heilbroner)②在他那篇经典文章《机器能创造历史吗？》("Do Machines Make History?") 当中，描述了历史进程中促使人类推动技术发展的逻辑。尽管不同的社会可能以不同的速度采纳技术进步的成果，但技术的发展具有一种"软必然性"。更坦率的观点则可见于丹尼尔·布尔斯廷 (Daniel Boorstin)③ 的小册子《技术共和国》(*The Republic of Technology*) 之中。在这本出版于1978年的书中，他认为技术发展遵循着一种像重力或热力学一样的"定律"，例如，"技术共和国的最高法律是趋同性，一

---

① Francis Fukuyama, *The End of History and the Last Man* (New York: Free Press, 1992); Francis Fukuyama, *Our Posthuman Future: Consequences of the Biotechnology Revolution* (New York: Farrar, Straus and Giroux, 2002).
② 罗伯特·海尔布隆纳（1919—2005），美国经济学家与经济思想史家，代表作有《经济社会的形成》等。——译者注
③ 丹尼尔·布尔斯廷（1914—2004），美国著名历史学家，以《美国人》三部曲而闻名于世。——译者注

切事物都有着变得彼此相像的趋势"①。统领技术发展的定律由此将不可避免地把人类社会塑造得越发单一，全球化就是技术发展的产物，也是一个不可避免的进程。

无论是赞美还是哀叹，这种"不可避免性"的叙事倾向于授予技术自主权，仿佛技术的进步不需要依赖人的意图与思想一样。它成了一个由其自身逻辑驱动的进程——或者套用黑格尔的话语，"技术的狡狯"。技术的"绝对精神"不知不觉地发展，不可避免地导致趋同与单一，最终实现一个高度科技化的"历史的终结"。在这种逻辑发展的过程中，当然也有受害者。但是一个更好的，甚至是完美的未来，会证明他们的牺牲是值得的。

我试图挑战，或至少是丰富这两种现代人用于理解和描绘技术的互有关联的方式：即将技术视为一种改变甚至是重塑我们的事物，以及技术发展具有一种不可避免的铁律。这要求我们后退一步，去探索亚里士多德所称的"主宰一切科学"的学科——政治学，并尝试着找出人类同技术的新关系的深层次根源。

自由主义的技术

正如我已经指出的，自由主义推动了一种对自由的新理解。在古代，无论是前基督教的古典时代——尤其是古希腊，还是在

---

① Daniel J. Boorstin, *The Republic of Technology: Reflections on Our Future Community* (New York: Harper and Row, 1978), p. 5.

基督教统治的中世纪，占主流的对自由的定义，都认为自由需要一种适当的自治形式。自由基于培育美德的自治个体（尽管古典时代与基督教对美德的理解有所不同）与旨在实现公共利益的自治政府之间的互相促进关系。古典思想希望能实现一种良性循环：政治培育具备德性的个体，具备德性的个体又建设旨在实现共同利益的公民政治。古代思想家面临的主要挑战，是如何开启这一从未存在或只是部分存在的良性循环，以及如何抵制公民腐化与邪恶的诱惑，维系这一良性循环。

依其定义，自由不是为所欲为，而是选择正确的、符合道德的生活。自由意味着免于那些永远不会得到充分满足的欲望的奴役，无限制地追求欲望只会导致无限的狂热与不满。因此，自由必须通过自律来实现，这要求克服自身欲望，以及统治他人的持久诱惑。

现代思想拒绝了这种对自由的定义，转向了我们如今更加熟悉的那种定义。按照现代自由主义缔造者们的定义，自由意味着一种人类可以随心所欲地追求一切所欲之物的状态。这种状态被异想天开地称为"自然状态"，被认为是政治社会诞生前社会状态的写照，是一种纯粹自由的状态。它的反面是受限制。自由再也不像古代思想家们设想的一样，是一种要求公正和自律的状态。

实现自由所需克服的主要政治障碍，来自其他人对个人自由所实施的限制。旧的政治秩序，即致力于培育美德和实现共同利益的政治秩序，被马基雅维利攻击为"幻想的共和国和君主国"，只关心应然问题，而不关心人类实际上的行为。为了充分解放人类社会的生产力与科技潜力，必须采用一种不同的模式和秩序——这是一种使技术社会成为可能的、新型的政治技术。这种政治技术就是现代的共和国——它完全摒弃了古典共和主义的基本原则。在现代国家当中，无论是公共领域还是私人领域都以个人自利为前提，以确保人类的自由以及人类征服自然的能力、范围、程度可以不断提升。

如今这个技术社会源自这种政治技术，源自自由主义理论在我们宪法中的"应用"。美国宪法清晰地体现了许多现代原则，它们试图推翻古典信条，并创造一种全然不同的人。这些现代原则成了那些如今似乎正在统治我们的技术的前提。詹姆斯·麦迪逊（James Madison）在《联邦党人文集》（Federalist）第 10 篇中写道，政府的第一要务是"保护人类才能的多样性"，也就是尊重个体的自由选择以及这些选择的后果，以及麦迪逊尤其强调的，财产占有方面的不平等。政府的存在就是为了尽可能保证个人的自由得以最充分地实现，为此，它在民众与公共服务者之间都提倡基于自利的追求。"必须用野心来制衡野心"：权力必须是分立的，以确保任何人都不可能集中执掌权力；但是同时，政府又被赋予了新的、巨大的权力，可以直接行使于个人之上。这既是为了将他们从原有的具体环境中解放出来，也能够促进商业以及"实用工艺"的发展。

这种新的政治技术生来就是为了促进现代自由观的实践，它意在切断我们对具体的人和环境的忠诚，成为旨在实现个人野心与欲望的个体。这种新共和主义政治技术的一部分是麦迪逊所谓的"扩大范围"，它在削弱人际纽带与承诺的同时，进一步鼓励个人实现雄心壮志。对于党派斗争的古老问题，现代共和主义的解决方法不是鼓励公共精神，而是培养不信任感，从而形成了一个包罗万象、政治动荡不安的共和国。它鼓励"多元主义"与不负责任的多样性，由此转移了公民的承诺。通过这种新的政治技术，我们今天的技术社会得以实现——它用个人利益取代了古典社会对美德的强调与对公共利益的追求，用对个人选择的强调压倒了对公共利益的关切，并促使我们重新审视那些限制我们自由的社会关系。实际上，这种新的政治技术本身就影响了我们对科学技术的目的的理解。技术不能独立存在于政治与社会规范以外，它的发展与应用还受到这些规范的约束。讽刺的是，自由主义引入了一系列规范，它引导我们相信技术发展可以独立于任何规范与人类意图，但它最终使技术重塑了我们的规范、政治，以及我们自身，也不可避免地逃脱了我们的控制。

在分析了技术社会的这些政治前提之后，我们可以重新考虑一下关于我们同技术的关系那两种占主导地位的叙事了，即技术会以一种可能让我们后悔的方式塑造我们，以及技术的影响不可避免、不可逆转。

首先，正如我们所见，有许多人对技术侵蚀社群，使人类变得更加个体化的影响感到忧虑。但是，鉴于那些创造了技术社会的深层前提，我们可以看到，"技术"必然会被用于维护近代早期政治哲学的基本理念、这个技术社会，以及我们的共和制政府与宪法秩序。与其说技术"塑造"了我们，不如说现代社会的深层政治理念塑造了技术。现代社会的政治技术就是一个为各种科技繁荣发展创造环境的操作系统，这一操作系统自身就是人们对自由的理解发生转变的结果。

在《大西洋月刊》（Atlantic）上一篇引起广泛讨论，题为《脸书正在使我们更加孤独吗？》（"Is Facebook Making Us Lonely？"）的文章中，这种认识得到了部分承认。作者斯蒂芬·马尔什（Stephen Marche）以常见的方式开头，展示了一种技术——在这篇文章中指的是脸书——是如何造成了更广泛的孤独、悲伤，甚至是抑郁的。作者将孤独视为一种疾病，伴随着脸书等社交媒体的广泛运用，孤独几乎成了一场瘟疫。作者表示，大约20%的美国人——约六百万人——表示他们经历过孤独引发的悲伤。为了应对抑郁，大量的医疗服务应运而生。"一种怀旧的惋惜感变成了一种公共疾病。"[①]

但是，马尔什出人意料地并没有谴责脸书，认为脸书应对此承担责任。相反，他注意到，脸书以及类似的技术只不过是促进并助长了一种美国人早已存在的偏好——对独立和自由的渴望。

---

① Stephen Marche, "Is Facebook Making Us Lonely?" *Atlantic*, May, 2012.

脸书只是一个工具，它从一系列深层次的哲学、政治，甚至是神学理念当中引发了孤独。正如马尔什所指出的，"孤独是美国人宁可花钱也要实现的首要事务之一……我们之所以孤独，是因为我们想要孤独，我们有意使自己孤独"。像脸书这样的技术，只是"美国人对独立的长期偏好的副产品"。这种偏好正如前文所述，是对自由状态重新定义的结果。

让我们再考虑一下另一种"技术"：我们是如何构造人居环境的。美国人比其他任何国家的人都更热衷于那种让个人变得更加独立和互相分离的建筑设计，这主要是由于汽车技术的进步，使得郊区在第二次世界大战后得以发展起来。然而，郊区并不仅仅是由汽车创造的，汽车实际上只是一种辅助：高速公路、加油站、大型购物中心，以及连锁快餐店，共同使美国人的生活方式成为可能，因为美国社会的深层哲学理念偏向于此。在汽车带来的影响以外，我们也能找到这种理念存在的痕迹。比如建筑史学家理查德·托马斯（Richard Thomas）发表于1975年的著名文章《从门廊到露台》（"From Porch to Patio"）中记录的建筑风格的转变。托马斯在文中提出，第二次世界大战后美国住宅风格的一个重要转变，是曾经作为住宅最显著特征的前门廊逐渐消失，让位于屋后的露台。他描述了前门廊具备的社会性和公共性作用——它不仅在空调发明前用于住宅的通风降温，还能够提供"过渡空间"，用于连接住宅的私人世界与屋外街道和人行道的公共空间。前门廊通常紧挨着人行道，站在那里可以很方便地与街上的行人闲聊。它反映了一个邻里之间社交性很强的时代。而屋后露台的兴起则和汽车的普及与郊区生活的广受欢迎同步，所有这些共同创造了一个更强调隐私感、分离性、孤立性，而社交属性不断下降的生活环境。这些技术并没有像我们通常认为的那样"使我们孤独"，真正使我们孤独的，是技术背后的现代自由理念。①

作为反例，人们可以举出许多出于不同目的限制人们运用科技的社会与文化规范。例如古老的阿米什人（Amish）②经常被视为一个恐惧现代技术的群体，但这种观点反映了对现代技术的一种基本误解。这种观点没能认识到，阿米什人对待技术的态度只是反映出，他们将一些自由主义不能接受的社会目的置于更优先的位置。我们许多人无法理解阿米什人的一些做法，比如拒绝使用拉链。但最有趣的，是阿米什人用于判定是否可以在他们的群体中采用某项技术，以及如何采用这一技术的标准。面对所有技术进步，阿米什人都要问："它是否有利于我们的社群？"在他们看来，汽车和电力经不住这样的考问，而丙烷发动机可以。而在我看来，最充分体现这一准则的是他们拒绝购买保险。因为我们的保险业是以最大程度的匿名性和最小程度的个人承诺为前提的。保险的价格基于精算表的计算，我同其他为各种事物寻求

---

① Richard H. Thomas, "From Porch to Patio," *Palimpsest*, August 1975.
② 阿米什人，是居住在美国北部与加拿大的一群基督教新教再洗礼派门诺会信徒，过着简朴的隐居生活，以与世隔绝、拒绝使用现代科技著称。——译者注

保险的人一同进入一个保险池里，比如汽车、住宅、寿命与健康。一旦承保物遭受损害，我或我的受益人就可以向保险公司寻求赔偿，弥补损失。保险金来自保险池里所有人的贡献，但我们都完全不知道具体是什么人、以何种方式获得了赔付。我为了避免各种不幸而投保，但完全无需为保险池里其他人承担任何个人责任或义务。我唯一的责任就是向保险公司按时缴纳保费。

一些阿米什人社群禁止其成员购买保险。这些社群就是其自身的保险池：成员们共同建立一个人人承担责任和义务的社群，所有损失都是共同承担的。① 正如经济学家斯蒂芬·马格林（Stephen Marglin）在其极富洞见的著作《糟糕的科学：经济学思维如何侵蚀社群》（*The Dismal Science: How Thinking Like an Economist Undermines Community*）中所写："阿米什人，以其对社群的重视而在20世纪的美国显得十分独特。他们禁止购买保险，是因为他们认为，个人与保险公司之间的市场关系会侵蚀个人之间的相互依赖。对阿米什人来说，共同搭建谷仓并非出于怀

---

① 这种实践同约翰·温思罗普（John Winthrop）那篇常被人引用但实际上很少被阅读的布道《基督教慈善的模范》（"A Model for Christian Charity"）中的呼吁形成了呼应，此文表达了对一个由清教徒移民构成的，其成员由基督教慈善精神密切联结起来的社群的期盼："如今唯一一条能够避免灾难、促进繁荣的道路，就是追随先知的建议，行公义，爱宽容，谦卑地与上帝同行。为此，我们应当团结如一体。我们必须以兄弟般的关爱互相帮扶，必须情愿削减自己的无度欲望，以满足其他人的必需。我们必须以全部的顺从、温和、耐心与慷慨支持我们共同的商业。我们必须在共同生活中找到快乐，视他人的状况如自己的状况；共同欢乐，共同哀伤，共同劳作，共同承担。在工作中看到我们的使命与社群，如同同一个机体的构成部分。" John Winthrop, "A Model of Christian Charity," in *The American Puritans: Their Prose and Poetry*, ed. Perry Miller (New York: Columbia University Press, 1982), p. 83.

旧，而是巩固社群的必要之举。"①

我在此提到阿米什人和现代自由主义者对待技术运用问题态度的差异，不是建议人们全盘效仿阿米什人的信条与实践，而是为了提出一个问题。从自由主义现代性的立场出发，我们认为自己所处的环境是自由的，而阿米什人则屈从于压迫性的文化与习俗。但我们应该意识到，尽管我们拥有选择运用何种技术的自由——选择轿车或者吉普车、苹果手机或者三星手机、笔记本电脑或者台式电脑的自由，但我们很大程度上只能屈从于技术发展的逻辑，并最终无法使自己脱离任何一种特定的技术。相比之下，阿米什人看似没有那么多选择，但他们可以基于自身社群的标准，选择是否采用现代技术。到底何者更加自由？

在我们重塑世界的过程中——通过类似互联网这样显而易见的技术，以及类似保险业这种不那么明显但同样具有重要影响力的技术——我们拥抱并充分利用了现代技术，并使之成为我们设想的样子。这成了一个巨大的讽刺：在追求并实现完美的个人自由与自主的过程中，我们根本性地丧失了选择运用技术的能力。

为了通过现代技术及其培育的自由主义政治秩序与资本主义经济体系来确保我们的现代自由，我们无休止地增强自己的力量，扩张自由的帝国。集中政治和经济权力对增进个人自由十分重要。现代的政治话语认为，个人权利与中央集权之间存在冲突，但事

---

① Stephen Marglin, *The Dismal Science: How Thinking Like an Economist Undermines Community* (Cambridge: Harvard University Press, 2008), p. 18.

实并非如此。我们需要意识到,不断增进的个人自由是一系列复杂的技术发展的产物。这些技术将个人从自然与责任的限制中解放出来,却让人们感到自己越发无权,无力发声,孤独,以及不自由。

这种感受十分迫切,也十分讽刺地体现在这样一种想法之中,即我们失去了对技术世界的事物及其运行轨迹的控制。早在1978年,布尔斯廷就在《技术共和国》中声称,"技术不可逆转地创造了它的发展方向",而我们"正生活在,未来也将生活在一个越发不自由的世界里"。[①] 他想表达的是,我们将无法选择我们的技术,因此将会越发变成霍布斯和洛克设想的"自然状态"里的样子:自主,自由,同时屈从于那些让我们感到独立的技术。我们的技术远非我们选择的结果,它们将通过一种我们无法控制的狂潮而繁荣兴旺,并将这一体系扩展到我们无论如何也想象不到的程度。如今我们的影视节目中日益充斥着关于技术的启示录式悲观论调,它们中的许多都设想,当我们以为自己能够独立自主的时候,有一种阴暗的、遥远的未知力量正操纵着我们。比如"黑客帝国"(*The Matrix*)系列,这一仿效柏拉图的系列电影生动地描绘了我们心中的猜疑:或许我们都是一个洞穴里的囚徒,我们能看到的图像都是被操纵的,但我们以为那是现实。

最深刻的讽刺在于,我们的自治能力如今已经衰退到了几乎

---

① Boorstin, *The Republic of Technology*, p. 9.

不存在的程度。在如今我们面对的一系列危机当中，都能看到源自现代自由主义的胜利的共性：在公民社会的危机中，我们已经无法使用公共利益的话语了；在金融危机中，为了当下的满足，公共债务与私人债务都不断增长到了如此地步，以至于只能寄希望于后人；在环境危机中，我们不肯控制自己无尽的欲望，而是希望技术能够解决大多数问题；在社会道德危机中，个人同家庭等社会组织的纽带是如此脆弱，以至于它正在被心理治疗和社会工作项目所取代。我们当然有权为我们的技术所取得的成就而庆祝，但我们也应该为建成这一技术社会的代价而担忧。我们的"技术文化"从一开始就建立在对自由的错误理解之上，而它如今似乎正在破坏我们美好的幻想。

第五章

反对人文学科的自由主义

在自由主义出现之前，文化是人类最普遍的技艺，也是教育的基础所在。它是塑造个人的综合力量，让人们参与并传承文明最深层的理念。正如这个词本身所暗示的那样，文化是一种对人进行培养的艺术。① 良好的文化是人类赖以茁壮成长的土壤。

然而，如果自由主义最终用一种普遍的"反文化"取代所有形式的文化，那么它也必然会破坏教育，尤其是人文教育。这种教育曾被认为是通过深入学习长期流传下来的传统文化遗产（尤其是学习古代经典著作和历史悠久的基督教传统）来教育自由人的主要手段。如今，在这自由主义发展到极致的时代，文化和修养仅仅成了追求个人自由的手段。原本应该是培养自由民众的教育，就此被另一种教育所取代。这种教育的全部目的仅仅是让人们满足自己未经教化的欲望，缓解自己内心的不安，并且对自然界进行技术控制。换言之，人文教育被奴役教育所取代。

自由主义首先通过将教育事业从文化中剥离出来，将其变成一种反文化的工具，从而破坏了人文教育。文化作为一种人们在自然和传统中生活、实践所形成的塑造性力量，变得同教育割裂开来。取而代之的是空洞的"文化多元主义"，它是如此的单薄、

---

① 英文之"文化"原词"Culture"，也有"照顾、培养"的意思。下文多处作者将"培育人心"与"文化"进行互文使用，请读者留意。——译者注

肤浅和贫瘠，与自然毫无联系，因而只能是一种单一且均质化的"多样性"。自由主义声称要推动多元文化，但实际上这只是分散了人们的注意力，使他们意识不到普遍存在的反文化和同质化趋势。

自由主义将自由定义为一种自主和无约束的状态，而不是个人通过自我管理后达臻的完善状态。这样一种自由主义观念进一步破坏了教育事业。它的根本错误在于假设"我们生来就是自由的"，而不是"我们必须学会变得自由"。在自由主义的影响下，人文教育变成了个人解放的工具，无论是在人文学科，还是STEM学科（科学、技术、工程学和数学），抑或是经济和商业学科中，人们都在不断追求这一目标。在人文学科中，基于身份认同的解放运动将历史视为压迫之源，因此导致人文学科已不再被认为是人们应当学习的内容。与此同时，只有那些能够增进个体有效的自主社会实践的学科——STEM、经济和商业——才被视为值得研究的学科。曾经，人文教育的目标是培育自由人，这一观念如今被代之以对个人自主的强调。以往培养共和社会的公民教育（res publica）如今被培养庸众（res idiotica）的教育所取代。在希腊语中，"res idiotica"指的就是自主和孤立的人。左右派之间所谓的差异消失了，因为双方都一致认为，教育的唯一合法目的是通过取代人文教育来推进个人主义。

自由主义对人文学科的攻击

"人文学科"（liberal arts）这个词组与"自由"（liberty）一词拥有相同的词根。人文学科起源于前现代社会，因此它对自由的理解是前现代性的。我们这些自由传统的继承者，习惯于相信自由就是没有外部约束的状态。像霍布斯和洛克这样信奉社会契约论的思想家，认为人类的自然状态是一种前政治的自由状态。他们认为，人类就是一种生而自由的生物。他们告诉我们，我们之所以服从法律这种外部的人为安排，只是为了获得一定程度的安全和社会和平。在洛克的理解中，我们遵守法律是为了"保障"我们的自由，并"按照（我们自己）认为适当的方式处置（我们）的财产或人身"。

在对自由的这种理解出现之前，人文学科就已经存在了。人文学科反映的是一种前现代的自由观——这种自由观可以在柏拉图、亚里士多德和西塞罗等作者的著作中找到，也可以在《圣经》和基督教传统典籍中找到；不仅在《圣经》中有阐述，还在奥古斯丁、阿奎那、但丁、莫尔和弥尔顿的作品中有所体现。人文学科传统的核心是这些作者对经典和基督教文本的强调，这并非出于偶然。尽管这些作者之间有许多不同，但他们一致认为自由不是我们天生就处于的状态，而是通过习惯养成、训练和教育——特别是对自我进行规制——来实现的。这是个人要经过漫长学习后才能达到的结果。自由是一种通过培养美德，利用高级的理性和精神来进行自我规制才能习得的能力。在这种前现代的自由观念中，随心所欲被定义为一种受奴役的状态，在这种状态中，我们被最卑鄙的欲望所驱使，违背了我们的本性。根据这种对自由的理解，培养自由的人和自由的公民是人文教育的核心目标。人文教育让我们变得自由。

多年来，这种知识观念一直是人文教育的核心，其权威来自世代相传的信仰传统和文化习俗。今天的大多数校园就像中世纪羊皮纸书卷的重写本，为了给书写新的观念腾出空间，传统观念正被抹去，但经过训练的人仍然能够从中辨认出残存的古老智慧。大学里的哥特式建筑，大学中存在的"教授""院长"和"教务长"这些称呼，以及在大学里一年只在特定场合穿戴一两次的飘逸长袍，都是一个更古老传统留下的雪泥鸿爪。它们曾经是这些学术殿堂的精神和灵魂，但在当今大多数校园里已经基本消失。

这种古老的传统——仍存留在羊皮纸重写本上的证据——也许最生动地体现在学术殿堂为自己及其学生所设定的雄心勃勃的格言和象征性印章上。这些格言的一个代表性案例来自俄亥俄州立大学雅典分校。该校成立于1804年，是当时尚未开发的西部地区的第一批美国大学之一。它的原始格言仍然可以在大学印章上找到："Religio, Doctrina, Civilitas, prae omnibus Virtus"，即"宗教、真正的学问、文明，最重要的是美德"。在通往校园主要入口之一的大门上，刻着1787年《西北条例》中的一段话："宗教、道德和知识对于良好的政府和人类的幸福是必需的，学校和教育将永远受到鼓励。"美国公立大学体系在这些观念的指导下创建，除了促进科学和实用知识的发展外，其首要任务就是培养美德和道德。

另一所公立大学，得克萨斯州立大学奥斯汀分校在其印章上刻有座右铭"Disciplina Praesidium Civitate"，即"有教养的心灵是民主的守护神"。这句话出自得克萨斯共和国第二任总统[①] 米拉波·拉马尔（Mirabeau Lamar）的一份声明："有教养的心灵是民主的守护神。只要它受到美德的引导和控制，就是人类最崇高的品质。它是自由人唯一承认的独裁者，也是自由人唯一渴望的安全。"这个更完整的声明强调了美德、权威和自由之间的关系，并且"disciplina"这个词不仅仅指"培养"，还有"节制""规制"的含义，指向了自由的概念，即通过美德的规制而艰难获得的自我节制。校徽上的图案包括盾牌上方的一本敞开的书，展示了如何才能通过教育获得自由：通过学习过去的智慧、教训和警示。这样的教育不是为了培养"批判性思维"，而是要让个体通过遵从美德的规制实现自由。

正如这些格言所证明的，古老的传统旨在培养一种克制的伦理观。它认识到人类之所以有别于其他生物，在于其拥有在众多选项中做出选择的能力。因此，处在自由状态下的人需要适当的指导。在古代先贤的观念中，自由是很容易被滥用的：我们传统中最古老的故事——比如人类从伊甸园堕落的故事，就体现了人

---

① 疑原文有误，应为第三任总统。——译者注

类滥用自由的倾向。如果要充分了解我们自己，我们就必须学会如何好好使用我们的自由，特别是如何控制那些似乎永远无法得到满足的欲望。在这个古老传统中，人文教育的核心目标，是教育人类作为一个人到底意味着什么，以及如何才能不仅摆脱外部的约束，还要摆脱内心欲望对我们施加的暴政，从而实现真正的自由。这门"古老的学问"试图鼓励我们克服困难，努力去辨别，对我们自己来说，什么是应当被允许的，什么是应当被禁止的，哪些事情对我们的自由具有最崇高和最深刻的意义，又有哪些事情是错误的。每一代人都被鼓励去研读我们传统中的伟大作品，比如那些史诗、伟大的悲剧和喜剧、哲学家和神学家的反思、上帝的启示之言，以及无数试图教导我们如何恰当行使自由的著作。以一个真正**自由**的人的身份生活在这个世界上是一种**艺术**。这门艺术不是人天生就能掌握的，也不是靠本能就能理解的，而是需要个人通过对自我进行修炼和教育来学习达臻的。人文教育的灵魂是人文学科，即关于如何做人的教育。

紧随美国人文学科的衰落之后的，就是对自由的重新定义。自由的含义从古老的基督教所提倡的自我规制和自律，转变为对个人欲望的彻底释放。如果人文学科的目的是教导学生如何自律，那么它就不再与当代教育的目标相符。以前，人们学习古代语言是为了阅读古老的书籍，或者为了深入理解《圣经》和其他经典。但现在，学习已经变得更加多元化，人们可以根据自己的兴趣爱好选择学习内容。更重要的是，随着科技的发展，越来越多的人选择学习科学、技术、工程和数学学科，因为这些学科更实用，可以帮助他们找到更好的工作。为了适应这样的新的教育市场，当前的教育体系同时还增加了商业和金融这类职业所需的学科。

美国大学慢慢地从教授这种"古老的科学"转变为教授"新的科学"。在19世纪，越来越多的美国大学建立或开始效仿德国大学的模式，划分专门的学科，更加重视研究生教育——培训专业知识，并把发现新知识作为新的优先事项。大学的宗教基础慢慢被摒弃；虽然人文学科仍然是人文教育的核心，但它们不再受宗教传统提供的综合视野所指导，这些宗教传统的视野和信条曾为大学提供了组织原则。到了20世纪中期，特别是在政府对"实用工艺和科学"的投资刺激下，对科学训练和技术创新的重新重视，进一步改变了大学系统在许多方面的侧重点。

以前人们认为学习文学、历史、哲学等科目可以帮助我们获得自由，但现在很多人认为这些科目和追求现代自由无关。因为现代自由指的是强大的军事力量、先进的科学技术，以及遍布全球的资本主义市场，而这些都与学习人文学科没有关系。加州大学伯克利分校校长克拉克·克尔（Clark Kerr）在他1963年举办的戈德金讲座中宣称，大学的理念正在消失，此讲座后来以《大学之用》（*The Uses of the University*）为名出版。他宣称，多元巨型大学将不可避免地崛起，这是一个庞大的组织，各个专业、各类知识将彻底分离，其首要动力是大学出于为国家军事和工业需求提供有用的知识。他宣称，"多元巨型大学对国家的进一步工业化、生产力的惊人增长和随之而来的财富增加、人类寿命的大幅延长,以及全球军事和科学霸权至关重要。"[1] 新的"多元巨型大学"的目标是推进培根所提倡的人类掌握世界的计划。

随着对大学目标的重新定义,对教师的激励机制越来越多地与创造新知识的迫切需要联系在一起:教师培训强调原创工作的重要性,而教师能否获得终身教职将取决于其能否取得足够数量的科研成果,以及能否获得该领域知名专家的认可——专家们将评价成果的原创性和生产力。教师招聘和选拔的市场由此诞生。教师不再献身于特定的机构及其使命,甚至不再致力于培养学生,而是越来越多地将自己视为一个行业的打工人。道德修养不再是衡量其职业成功与否的标准,因为这不仅与职业成功无关,而且与现代自由观念相悖。

大学的结构也被重新调整,以强调创新和"新知识"的创造。教育的指导原则变成了进步,而不是靠对过去的深入研究获得的人文知识。得克萨斯州立大学成立时设计的校徽所体现的信念,与其近年来制定的,并可在该大学主要网站上找到的使命宣言产生了鲜明的对比。[2] 在原有校徽的图片下方,即在关于教育"卓越性"的言辞之后,人们会看到关于当代大学教育的目的的声明:当前大学的使命是"通过研究、创造性活动、学术探究和发展新

---

[1] Clark Kerr, *The Uses of the University*, 5th ed. (Cambridge: Harvard University Press, 2001), p. 199.

[2] https://www.utexas.edu/about/mission-and-values.

的知识来推动社会进步"。这个更新后的使命宣言强调的是大学的研究和科学使命，特别是创造"新知识"的目标，而不是"由美德引导的有教养的心灵"。人们无法在其中找到对古老的大学使命宣言的当代版重新阐述。大学不再是为了培养美德而存在，而是强调学术研究服务于推动进步的需要——尤其是要推动那些有助于实现几个世纪以来人类意志征服自然这一雄心壮志的进步。这种变化几乎在美国每一所大学的新使命宣言中都能找到。

在现实当中，学生不再被要求接受一系列人文教育，而被希望尽快开始学习"实用"的东西，这与教师对"创造新知识"的专注，以及随之而来的对学术研究和研究生教育的重视完美契合。学生和教师出于相同的目的——追求自由主义秩序核心的自由概念——而放弃了对人文学科的关注。在自由选择的环境下，学生们越来越感到自己不得不追求最实用的专业，为了迎合市场需求而放弃原本可能吸引他们的学科。令人毫不意外的是，人文学科的学生数量持续下降，越来越多的学校正在取消在大学市场上不受欢迎的学科。

那些最应该保护人文学科地位的教授，一边为其衰落感到惋惜，一边却把责任推卸给管理层和"新自由主义"。他们没有意识到，人文学科的待遇其实反映了自由主义秩序的本质，而不是一种与之背道而驰的趋势。人文学科教授们并未质疑占主导地位的自由主义趋向，更不用说进行抵抗了。这是因为他们普遍未能正确认识到与人文学科对抗的力量究竟是什么。

人文学科知识分子的背叛

人文学科和更具人文主义色彩的社会科学教师——主要是进步派——试图让人文学科适应占主导地位的自由主义潮流，其方式主要是反对他们所研究的东西，即那些"伟大的传统典籍"，并呼吁对所研究的对象采取进步主义的态度。保守派教师为了尽力反对学术界的左派，则要求致力于研究那些"伟大的传统典籍"，却没有认识到，那些正在取代传统典籍研究的思潮和行动有许多正是来自这些书籍。左右双方其实都无力抵抗大学的自由化转型。

左派对此的回应是不加审视的默许。为了应对这些重大的转变，从事人文学科领域的人开始质疑他们在大学中的地位。他们仍然在研究那些伟大的文本，但这样做的原因越来越受到质疑。[①]如果科学世界很快将使其变得不必要，那这些教导年轻人如何正确运用自由、具有挑战性的课程还有意义吗？在一个首先重视创新和进步的时代，基于文化和传统的方法还能保持与当下的相关性吗？人文学科如何才能让学校管理者和普罗大众看到自己的价值？

人文学科内部的这些疑虑为其自我毁灭的趋势提供了肥沃的土壤。受到海德格尔理论（该理论将意志的解放放在首位）的启

---

① 在 C. P. 斯诺关于"两种文化"的经典陈述中，他能够轻松地解释为什么人文主义者应该学习科学，但却难以阐述为什么科学家应该学习人文学科。请参考 C. P. Snow, *The Two Cultures* (Cambridge: Cambridge University Press, 1965)。

发，先是后结构主义，然后是后现代主义开始生根发芽。此类理论虽然表面上对自然科学的理性主义观念持敌对态度，但由于符合自然科学为"进步"知识所设定的学术要求，因此得以被接受。教师们可以通过论证文本的落后性来证明他们本人的进步性；他们可以通过展示自己比他们所研究的作者更优越来"创造知识"；他们还可以通过攻击构成其学科基础的书籍来显示他们的反传统立场。那些宣扬"怀疑的解释学"、旨在揭露历史文本深受不平等偏见影响的哲学，甚至质疑文本是否包含作者意图的"教导"，为人文学科提供了以现代科学方法证明自己与当下时代如何有关的可能性。① 通过采用只有"专家"才能理解的术语，他们可以效仿科学祭司，即使这样做会背叛人文学科最初引导学生学习其文化遗产的使命。人文学科的教授们通过摧毁他们研究的东西来证明自己的价值。②

为了不落后于STEM学科，人文学科开始变得更加开放，甚至挑战了自然科学的权威——尽管最终徒劳无功。他们认为，那些基于自然规律的科学观点，例如关于人类性行为的生物学事实，都是社会建构的，是可以人为改变的。既然身份是可以选择的，那么人们就没有必要接受生物学所提出的任何"事实"。如果人

---

① 参见 Ruthellen Josselson 在《信仰的解释学与怀疑的解释学》中所描述的对比，见 "The Hermeneutics of Faith and the Hermeneutics of Suspicion," *Narrative Inquiry* 14, no. 1 (2004): 1–28。
② 关于这段历史的更全面讨论，请参见 Anthony Kronman, *Education's End: Why Our Colleges and Universities Have Given Up on the Meaning of Life* (New Haven: Yale University Press, 2006), 尤其是其第三、第四章。

类真的存在"天性",那么唯一可以接受的、永恒不变的神圣"天性"就是人类意志的中心性,也就是人类有权打破任何限制或束缚意志的条件,并拥有无限自我创造的可能性。

讽刺的是,后现代主义虽然反对理性科学主义,但它和科学主义其实有着相同的目标:它们都是基于现代社会对"自由"的定义,在大学里兴起的。在人文学科当中,这种追求自由的思想演变为激进的解放理论,主张打破一切等级制度、传统和权威,通过学术研究和进步来解放个人。现代学术界尤其关注性自主的问题,这揭示了它与旨在掌握自然界所有方面(包括人类生殖)的自然科学研究有着密切的联系。① 人文学科和社会科学也关注身份政治和纠正历史上对特定群体的不公正对待,这一行动打着"多元文化"和"多样性"的旗号,却适得其反地造成了如今校园内的文化单一。那些因种族、性别、性别认同等与身体有关的特征而被加以界定的群体此前受到的歧视,被认为值得努力加以纠正;而那些基于职业和文化形成的社群,包括内部联系更加紧密的种族和阶级群体,却鲜少受到关注。因此,虽然基于种族或性别认同的学生团体要求正义,以便他们能够完全加入现代自由主义社会,但像库尔德人(Kurds)或赫蒙人(Hmong)这样抵制自由主义和表现型个人主义(expressive individualism)的、内部纽带紧密的民族群体,像科普特人(Copts)这样受迫害的

---

① 将激进女权主义与对技术改变人性的乐观信念结合在一起的经典之作当然是 Shulamith Firestone, *The Dialectic of Sex* (New York: Morrow, 1970)。

宗教少数派，像四健会（4-H）领导人这样的非城市非精英人群，以及农村贫困人群，却很难获得今天的校园自由派的关注。①

正如威尔逊·凯里·麦克威廉斯所指出的：

> 值得注意的是，（持自由主义观念的改革者）承认的所有群体都是由生物学定义的。在自由主义的观念中，我们的"天性"意味着我们的身体，这些是与职业和文化等人为纽带相对立的"自然"群体。但这并不意味着自由主义重视这些"自然"群体。恰恰相反，由于自由主义政治社会反映了克服或主宰自然的努力，自由主义认为"仅仅是自然"的差异不应该成为我们的障碍。我们不应该被那些我们没有选择，且不能反映我们个人努力和能力的品质所束缚。（改革者）承认女性、种族少数群体和年轻人，只是为了让个人摆脱"可疑的分类"。

---

① Steven Levy 在 2010 年 10 月 19 日的《霍亚》上发表的文章中提道："我觉得，缺乏金钱以及缺少机会参与我们的消费主义、资本主义社会和经济，这对于许多人来说是十分困难的。对于许多少数族裔来说，他们发现他们并不和国家其他地区处于同一起跑线上。"请参考 Steven Levy, "GU NAACP President Discusses Diversity Issues," Hoya, October 19, 2010。

有一项研究显示，在精英大学录取中，那些在不符合"资本主义社会"预期的领域担任领导职务的学生处于显著劣势。Russell Nieli 对这项研究进行总结说："研究发现，在考虑所有其他因素的基础上，参与诸如高中预备役军官训练营、四健会俱乐部或美国未来农民协会等支持共和党的州的活动，会大幅降低学生获得 NSCE 数据库中所列举的具有竞争性的私立学院录取机会的可能性。在这些活动中担任领导职务或赢得荣誉和奖项的学生，最不容易被录取。Espenshade 和 Radford 说，担任此类以职业为导向的活动（如初级预备役军官训练营、四健会俱乐部或美国未来农民协会）的管理人员或赢得奖项，'在录取竞争激烈的大学的录取结果上有显著的负相关性'，在这些活动中表现出色'可能会导致录取概率降低 60% 或 65%'"。具体请参见 Russell Nieli, "How Diversity Punishes Asians, Poor Whites, and Lots of Others," Minding the Campus, July 12, 2010。https://www.princeton.edu/~tje/files/Pub_Minding%20the%20campus%20combined%20files.pdf.

阶级和文化则不同。人们成为少数族裔群体或工人阶级的一员,是因为他们选择不追求个人成功、不融入占主导地位的中产阶级文化,或者是因为他们无法成功。自由主义理论重视特立独行的人,同样,他们也更尊重那些追求成功的人,而不是那些没有成功的人。因此,在自由主义理论中,阶级低下是耻辱的标志,人们遭受的任何歧视,在某种程度上都是他们"自己的错"。我们可能会同情失败者,但他们没有正当理由要求平等的代表权,这与那些"并非自己过错"而遭受歧视的人不同。①

虽然现在的人文学科也强调自由自主,和科学追求的目标一致,但这种迎合并没有让它变得更加兴盛。因为人们无法清楚地解释学习人文学科和追求现代自由、掌握知识技能之间的关系,所以学生和学校管理者更倾向于用金钱和实际行动支持那些在掌握自然规律方面更有前途的学科。当今人文学科倡导的自由自主理念并没有取得成功,反而导致了人文学科的萎缩甚至消失,而STEM以及经济学等学科却在蓬勃发展。由于缺乏有说服力的反

---

① 威尔逊·凯里·麦克威廉斯在《美国季刊》中写道:"当我们观察生活在困境中的人的行为时,我们观察到的不是经济衰退对工人阶级的影响,我们观察到的是一群经过高度筛选的人。他们在面临经济逆境时选择留在原地并接受这一局面,而其他人则寻找并在其他地方找到了机会……那些在社会意义上感到恐惧、保守、缺乏抱负的人停滞不前,并只能接受这种经济衰退。"换句话说,白人工人阶级的不利地位是工人自己的错。具体请参考 Wilson Carey McWilliams, "Politics," American Quarterly 35, nos. 1–2 (1983): 27。转引自 Thomas B. Edsall, "The Closing of the Republican Mind," New York Times, July 13, 2017. https://www.nytimes.com/2017/07/13/opinion/republicans-elites-trump.html。

驳论点，学生、家长和学校管理者都认为，实现自由主义自由理念的最佳途径不是人文学科，而是其他学科。

现在，很少有人站出来捍卫人文学科。1980年代左翼文化战士的后代不再关心更有代表性和包容性的经典作品，他们更关注推进平等主义自主的事业，现在他们甚至反对学术自由和言论自由等传统自由主义理念，声称是为了实现所谓的"学术公正"和更大的校园代表权。虽然起源于"更多样性"的呼声，但正在进行的"多元化"项目实际上在几乎每所校园都使意识形态更加同质。以种族、不断增加的性别和各种性取向差异为幌子，唯一被推进的实质性世界观是最新版的自由主义：在国家权力支持下日益崛起的自主个体，以及国家对包括各类学校和大学在内的学术机构日益严密的控制。

右翼文化战士的孩子们也大多不再将塑造性书籍视为培养自我规制的核心。相反，现在的"保守派"认为人文教育不仅是没有前途的，甚至都不值得去争取。① 他们更支持那些符合现代市

---

① 马特·里德（Matt Reed）——一所社区学院院长——承认，尽管他在1980年代反对艾伦·布鲁姆（Allan Bloom，美国思想家、政治哲学家，代表作《美国精神的封闭》等，以批判美国社会和高等教育界的虚无主义与文化相对主义著称。——译者注），但他很好奇，面对保守派立法者推行的、对人文学科的大幅预算削减，那些捍卫人文学科的保守派都到哪里去了："我能够想象布鲁姆对佛罗里达州这一预算案的回应。任何一个名副其实的保守主义战士都应该对这种放任立法者操纵大学课程的行为感到愤慨。如今，保守主义者已经放弃了维护智识传统的想法，把节省成本本身当成一件好事。他们已经做出了选择：与其捍卫埃德蒙·柏克，还是投靠商业界更加容易一些。""Remember the Canon Wars?" Inside Higher Ed, April 11, 2013, https://www.inside highered.com/blogs/confessions-community-college-dean/remembercanon- wars. See also Jonathan Marks, "Conservatives and the Higher Ed 'Bubble,'" Inside Higher Ed, November 15, 2012, https://www.insidehighered.com/views/2012/11/15/conservative-focus-higher-ed-bubbleundermines-liberal-education-essay.

场需求的学科，比如STEM和经济学。这些学科之所以变得重要，正是因为许多"经典著作"倡导的、不再研究旧书的想法取得了胜利。像威斯康星州州长斯科特·沃克（Scott Walker）或佛罗里达州参议员马可·卢比奥（Marco Rubio）这样的保守派政治领导人都鄙视人文学科，因为学习人文学科无法带来高薪工作——这种观点意外地得到了奥巴马总统的支持，他也出于同样的理由批评了艺术史学科。

人文学科能否对抗自由主义？

当下的大环境只会加速人文学科的衰落。在今天的校园里，人文教育缺乏站得住脚的存在理由，再加上对"实用性"和"相关性"的需求不断增加，以及预算的缩减，都将使人文学科在大学中所占的比重越来越小。它们将以某种形式继续存在，比如作为一种橱窗中的"精选品"进行展示，或者作为尊重高深学问的象征，但人文学科在现代大学中扮演的角色只会越来越不重要。

虽然现在已经很少有人文学科的教授能够把反对这种趋势的理由讲清楚，但我还是想说，过去的人文学科是可以为自己的存在提出强有力的辩护的。它从古老的教训中总结经验，发出警告：解放之路最终会导致奴役。完全自由的想法最终是虚幻的，原因在于两个简单的事实：人类的欲望永远无法满足，以及世界是有限的。正因为如此，我们无法真正获得现代意义上的自由。我们永远无法满足自己的欲望，永远会被欲望驱使，而不可能通过实现欲望得到满足。在追求满足无限欲望的过程中，我们将很快耗尽地球资源。如果我们走上这条完全解放的道路，我们的命运将比以往任何时候都更加受制于现实。我们将不再服从于自己的自我控制能力，而是受制于环境，尤其是受制于匮乏、荒芜和混乱的环境。

我们能够摆脱自然和必然限制的承诺是虚幻的，但我们却对此深信不疑。宗教经常被指责无法从证据中得出正确的结论，但我认为，我们的国家领导人和顶级学者对这场经济危机的反应，以及进一步以经济性为由取代人文学科，才是这个时代最严重的盲目信仰。这场危机本身就是由于忽视了传统人文学科才造成的，而这反过来又成为进一步忽视它的理由。正如现在每个人都知道的，经济危机源自人们认为可以无限制消费的观念。这种新型经济学加上自由主义政治，现在让我们过着超出能力的生活。我们对某物的渴望就是我们占有它的理由，我们的欲望就是我们消费所需的唯一理由。其结果不仅仅是身体上的肥胖，还有道德上的肥胖——对欲望缺乏自我控制最终让我们走上了饥饿的道路。

很多大学举办了关于经济危机的研讨会，讨论监管缺失、放贷不严、金融产品过于复杂等问题。但你很难找到一位大学校长或院长承认他们自己的学校对这次危机负有责任。然而，这些顶尖大学的毕业生占据了全国各地的金融和政治高位，而他们正是造成经济危机的人。精英机构的毕业生在国家经济秩序中占据了最具权力和影响力的位置。这些教育机构的领导者很乐意为罗德学者和富布赖特学者们取得的成绩感到自豪,但他们却对那些助长贪婪和一夜暴富的学生视而不见。难道我们真的相信他们没有学到大学里教的东西吗?

如果我们的社会要迎来一场新的文艺复兴,就必须从重建人文学科开始。虽然仍存在大量综合性文理学院,但大多数文科学府、文理学院已经深深地被"创造新知识"的理念所塑造。教师聘用和晋升越来越多地符合研究产出的要求。越来越多的教师在名列前茅的研究机构接受培训,在这些机构中,创造新知识是第一要务——即使这与他们所处的人文教育环境不太吻合,许多教授也已经内化接受了这些以创新知识为目标的观念。因此,许多这样的机构通过模仿研究型大学,毫无章法地渴望获得精英地位,甚至许多院校都将名称从"学院"改为"大学"。①

然而,人文学科的重建并非完全遥不可及。作为"重写本",旧传统依然存在。当我们更具体地思考"人文学科"时,我们正确地想到了许多各种各样的机构,大多数(至少曾经)与宗教有关,且各不相同。大多数机构在诞生时都与它们所在的社群有一定的关系——它们具有宗教传统,关注当地经济能够支持的职业前景,与当地"长者"联系紧密,有着强烈的地方认同,以及它们的学

---

① 许多机构名称的变更史很有启发性:https://en.wikipedia.org/wiki/List_of_university_and_college_name_changes_in_the_United_States。

生很可能来自附近地区。大多数机构希望人文教育**不是**让学生完全脱离自己的背景和祖辈以来的传统,而是让他们深入了解自己的文化传统,加深对信仰来源的理解,坚定而非质疑自己的信仰,并回到自己的社群,为他们自己社群的未来和发展做出贡献。

最重要的是,人文教育不是让学生摆脱传统束缚,而是要强化一种根植于自身文化传统的自我控制。这种基于道德或美德的自律意识通常来自特定的宗教传统。很多建立在宗教传统基础上的老牌文理学院不仅要求学生学习重要经典文本——尤其是《圣经》,还需要相应的行为实践,将课堂上学到的美德内化。强制学生参加礼拜或弥撒、宿舍管理规定、受到成人监督的课外活动,以及必修的道德哲学课程(通常由校长教授),都旨在将课堂上的人文主义和宗教研究与学生日常生活融为一体。

基于古典或基督教对自由的理解,这种形式的教育旨在强调我们的依赖性——而非自主性——以及自我规制的必要性。正如温德尔·贝里所写:

> 意识到人类行为和行动的基本限制,并没有表面上那么消极。相反,它让我们回归到我们的真实状况和我们继承的人类遗产,而我们觉得自己是一种不受限制的生物的狂想,已经让我们与这些遗产隔绝太久。我所了解的每一种文化和宗教传统,虽然充分承认我们的动物本性,但都将我们特别定义为人类——也就是说,作为动物(如果这个词仍然适用),

> 我们既生活在自然限制中,也生活在自我设定的文化限制之内。作为地球上的生物,我们必须生活在自然的限制之中,我们可以用"地球""生态系统""流域"或"地方"等词来描述这些限制。但是作为人类,我们可以选择通过邻里关系、管理、节俭、节制、慷慨、关怀、善良、忠诚和爱所暗示的自我约束来回应这种必要的限制。①

以一系列文化条件为基础的教育,从自然中汲取灵感,并通过农业、工艺、信仰、故事、记忆和传统等实践与自然作伴。它不像新科学模式那样寻求掌控自然或使之屈服。因此,教育的根本责任是传承文化——而不是拒绝或超越它。适当地尊重和传承文化旨在阻止人们对自然的任意和侵略性开发,以及对文化的灵知主义式傲慢态度。它警告我们,不要采取那种漂泊无根的哲学形式,而这种哲学是"批判性思维"教育所推荐的,也是我们鼓励学生仅通过实现无根漂泊的状态——这是全球经济体系所要求的——来定义成功时所隐隐赞扬的。

总而言之,正确理解的人文教育不仅仅是教我们摆脱传统束缚或自然限制,更是让我们了解生活中的各种限制,关心世界,关心特定的地方和特定的人,避免我们将自己视为盗火的普罗米修斯,过度扩张个人主义或代际利益,或是盲目追求摆脱自然约

---

① Wendell Berry, "Faustian Economics: Hell Hath No Limits," *Harper's*, May 2008, pp. 37–38.

束。尤其是在我们越来越意识到只活在当下、脱离传统节俭观念给经济和环境带来的后果时,我们更应该超越当代极端的享乐主义。我们应该寻求重振人文教育的理念,在这种理念中,我们将自由理解为我们与自然和文化正确施加的限制和约束达成和解,并接受它们。正如古典文化和宗教传统所推崇的,自由不是从约束中解放出来,而是具备管理欲望的能力,从而实现更真实的自由——从欲望的奴役中将自己解放出来,并避免世界资源的枯竭。简而言之,我们迫切需要将人文教育从自由主义中拯救出来。

第六章

新贵族制

在我们当前的反文化战争中，左右双方都在通过扩大个人自主权和培根式征服自然的计划，共同推进自由主义，所采取的方式包括增进国家干预、市场主导的同质化和种种解放运动，而学生们则完全被塑造成这个自由主义系统内的零件。如今，越来越多的学生进入大学只是为了学习"实用学科"，即与经济和技术应用直接相关的学科，而完全没有意识到有一种更宽广的理解"实用"的方式，包括一个人如何作为配偶、父母、邻居、公民和人类而生活。

如今出现了一种双层体系：精英学生从全球的各个角落被筛选出来，以便他们过上一种无根的流浪生活，只专注于温德尔·贝里所说的"向上流动"。精英大学的教育就像露天采矿：在各个城市、小镇和村庄识别出有经济价值的原材料，然后剥离出这种有价值的商品，在遥远的地方进行加工，然后再运到其他地方贡献生产力。提供原材料的地方则被抛在后面，就像那些矿产早已被开采和出口殆尽的煤矿小镇一样。精英学生为了获取更多经济利益，积极给自己贴上身份政治和"多样性"的标签，永远处于生活未定和居无定所的状态中。但是，他们的"身份"和"多样性"是全球同质化的，这是成为在无文化和居无定所的世界中生活的、可相互替代的全球精英的先决条件。这个世界首先被一种冷漠的规范所定义,这种规范将自由主义全球化与现实中的邻里和社群隔离开来。这反过来导致了类似2008年经济危机那样的全球性不负责任行为,这种行为当时体现在经济活动中,现在则被对"社会正义"的呼吁所掩盖,而这些"正义"往往通过非人格化的国家工具来实现。自由主义最强大的推进方式之一,就是纵容全球范围内的自恋,同时让公众普遍相信自己充满善意。

那些留在小村庄、城镇和城市的人通常会陷入经济困境中。他们注定从事低工资且没有前途的服务业工作,并且与为精英毕业生保留的、需要使用分析性技能的创造性工作无缘。他们扎根于经济贫困地区,或在精英集中地的边缘生存。他们将在高昂的房价中挣扎,要么是住着过度拥挤的劣质城市住房,要么是居住在离工作和娱乐地点很远的地方。他们通常背负着高昂且不断增长的债务,主要是大学贷款和房贷,尽管他们作为消费者的需求无疑也会使他们积累其他过度的债务。虽然他们的孩子有机会通过考入精英学府,接受精英教育而提高其经济地位,但阶层流动如今正日益停滞。

然而,阶层流动既可能向上,也可能向下。而且,如今社会竞争已经走向全球化,这导致所有阶层普遍感到焦虑。由于社会地位主要取决于职位、收入和地理位置,因此个人总是将自己与他人相比,个人总是对自己的阶层位置感到不安。虽然进步的自由主义确保个人比以往任何时候都更自由地摆脱了出身、种族、性别和地点的偶然性,但今天的学生几乎普遍陷入了一场经济零和游戏当中。如今人们仅仅关注职业进步和堆砌简历，但这并不是当代教育失败的结果，而是反映了学生从小就学到的深刻教训：今天的社会在经济上有着成功者和失败者的划分，而一个人的学历几乎是决定其最终地位的唯一因素。今天的学生，被古人所说的"奴隶教育"束缚着，普遍无法接受人文教育，这是他们的父母和整个社会劝阻的结果。自由主义预示着曾经被认为适合自由人的教育的消亡。

顶尖高校教给学生的重要一课，是需要掌握合作技巧才能在竞争中胜过非精英群体。然而，即使是合作关系，也难逃竞争体制的影响。友谊，甚至是爱情，就像国家结盟一样，都被视为实现个人利益的工具。查尔斯·默里（Charles Murray）在他的著作《分化》（*Coming Apart*）中提到，虽然稳定的婚姻关系更可能带来人生成功的各种要素，但最有可能组建稳定终身伴侣的群体恰恰是社会顶层人士。[①] 与此同时，底层民众则正经历着灾难性的家庭和社会解体，这几乎阻断了他们或其子女向上流动的可能。拥有稳定的婚姻已成为上层人士的竞争优势，而这种优势现在被进一步放大。因为自由主义坚称个人是否组建家庭是个人自己的选择，家庭甚至会阻碍个人独立。自由主义让家庭成为霍布斯式的自然状态，而这种家庭状态的盛行，如今也成为强者压制弱者的又一有力工具。

---

① Murray, *Coming Apart*.

自由主义改造后的教育体系，最终沦为系统性创造强者，使其得以欺凌弱者的新型贵族制的工具。自由主义将催生一个阶层固化、阶级鸿沟巨大的社会。尽管自由主义者对这种状况表示遗憾，但他们本身却通过多种方式助长了这种局面，尤其是在教育方面。自由主义的成功正是其失败的根源：它自诩颠覆了强者对弱者的贵族统治，最终却催生了一个更加强大、更根深蒂固的新贵族阶层，他们不遗余力地维护着自由主义所制造的不公正社会结构。

古典自由主义：新贵族制的根基

自由主义最初作为旧贵族的反对者和替代方案，获得了公众支持和正当性。它抨击世袭特权，颠覆既定的经济角色，废除固定的社会地位，主张建立一个基于选择、才能、机会和勤奋的开放性社会。讽刺的是，它最终却创造了一个新的贵族阶层，同样享受着世袭特权、既定的经济角色和固定的社会地位。尽管自由主义的奠基者们直言不讳地表达了想要取代旧贵族的野心，但他们也从未掩饰过创造新贵族的愿望。对旧贵族的厌恶蒙蔽了许多人，让他们默许了自由主义的野心，而那些相信自己将加入新贵族阶层的人则对此欣然接受。自由主义的开场就像罗尔斯的"原初状态"（Original Position），所有人都处在无知之幕后面，不知道谁会成为成功者或失败者。但和罗尔斯的设想不同的是，那些支持自由主义的人反而很乐意接受这种不确定性，因为他们相信自己会成为成功者。那些厌恶扎根和束缚，崇尚物质主义、冒险、社会变革和不平等的人，最终都将获得成功，并借由批判贵族制的不公正，来吸引这一体系下潜在的失败者也一起加入进来支持他们。

在约翰·洛克为自由主义奠基的名著《政府论（下篇）》中，他明确指出自己所倡导的新政治经济体系将会产生一个新的统治阶级。在该书关键章节之一的"论财产"里，洛克将世界划分成两种人："勤劳理性者"和"好事吵闹和纷争者"。他写道，在史前时代，这两种人可能都数量不少，但由于当时经济以维持生计为主，缺乏私有财产，因此无法区分。在这样的世界里，每个人每天只够收集食物和必需品，任何天赋、能力和潜力的差异都无法体现。洛克以美洲的印第安人为这种"史前"状态的例子：在仅能维持生计的社会里，既看不到"勤劳理性"，也看不到"好事吵闹和纷争"的突出表现。在这样的世界里，一个潜在的比尔·盖茨或史蒂夫·乔布斯，每天都忙于捕猎或捕鱼以获取食物，他的潜力完全无法发挥出来。

然而，如果洛克所描述的这两种人真的没有显现出来差异，那么他就不可能描述他们的存在。洛克描绘的不是一个两种人都没有显现的世界，而是一个由错误的人——爱抱怨、喜欢制造麻烦的人——统治的世界。他写道，那些安于现状，不需要竞争就能治理国家的慵懒世袭统治阶级，最突出的特点就是爱抱怨。他主张用另一类人,即那些"勤劳理性"的人取代他们。但由于爱抱怨的贵族垄断了财富和权力,使得"勤劳理性"的人的优秀品质无法充分发挥。那么,在贵族统治下既没有权力地位也没有财富、在新制度下掌权前景也渺茫的平民们,为什么要支持更换一个统治者呢?洛克实际上已经承认了一个事实,即由世袭地位和财富统治的贵族制将被另一种贵族制所取代,就像杰斐逊所说的"天赋贵族制",其统治地位基于比普通民众更高的"理性"和"勤奋"。在贵族社会中,贵族以专断的方式获得身份和地位,但"理性"和"勤奋"的分配同样是不平等的。统治阶层的标准发生了变化,但其分配方式的专断却是不变的。

正是在这里,洛克引用了新大陆的例子,他辩称由"勤奋理性者"统治的社会将提高生产力和财产价值,从而增加所有人的财富。他写道:

> 一个人基于他的劳动把土地划归私用,并不减少而是增加了人类的共同积累。因为一英亩被圈用和耕种的土地所生产的供应人类生活的产品,比一英亩同样肥沃而共有人任其荒芜不治的土地(说得特别保守些)要多收获十倍……(在美洲),一个拥有广大肥沃土地的统治者,在衣食住方面还不如英国的一个粗工。①

---

① Locke, *Second Treatise of Government*, pp. 23, 26.(译文引自《政府论(下篇)》,第25、27—28页。——译者注)

这段话表明洛克在承认新经济、社会和政治架构将带来普遍不平等的同时，也暗示了这种不平等比由"好事吵闹和纷争者"统治更可取，因为届时每个人在物质上都会得到改善。随着社会财富的增加，这种不平等将变得可以忍受，即使是地位较低的公民也能从中受益。然而，洛克也告诉我们，新制度下的不平等有可能带来几乎无限的社会分化。在那些自给自足的经济体中，统治者和被统治者之间的物质差距几乎不存在。贵族制度则以普遍的等级和地位不平等为标志，但这些差异相对固定。相比之下，洛克提出的自由主义秩序则建立在一种灵活且不断扩大的不平等状态之上，这种不平等以经济繁荣为基础，区分上层和下层阶级。为了缓解因贫富差距、成功与否、统治者与被统治者之间鸿沟不断扩大而产生的屈辱、轻蔑、怨恨或愤怒，洛克提出的解决之道是承诺社会全体成员的物质财富将不断增长。

这就是自由主义秩序所赖以存在的根基：它是一场用一个以不平等为基础的体系取代另一个不平等且不公正的体系的赌博。这个新体系并非通过压迫和暴力来实现，而是让民众完全默许，其前提是不断带来更多物质繁荣，并伴随着理论上实现阶层跃升的可能性。

当代古典自由主义者们仍然将这种妥协方案奉为不仅可以接受，而且值得庆祝的成就。洛克之后，又过了几个世纪，约翰·肯尼迪用"不断上涨的海平面将抬高所有漂浮的船"的承诺，总结了这一赌博式的理念。罗纳德·里根也经常引用这句话，暗示着即使最脆弱、最简陋的小船也能从顶层和底层之间差距巨大的"海啸"中获益。这种繁荣非常依赖于对自然的积极征服,特别是对所有潜在有用资源的密集开发,以及发明可以增加即时价值的工艺和方法,而不考虑未来的成本和后果。洛克的论点是,财富和繁荣的持续增长可以替代社会凝聚力和团结。正如自由至上主义者弗里德里希·哈耶克(Friedrich Hayek)所理解的那样,一个拥抱"快速经济发展"的社会必然会鼓励不平等:"如此快速的进步不可能平行推进,而必定是有先有后,一些人会遥遥领先于其他人。"[1] 哈耶克的观点与洛克的观点相呼应,认识到一个快速发展并产生巨大经济不平等的社会必然要依靠快速甚至加速的进步来平息不满:"只有在一个总体上进步迅速的社会中,大多数人才能享受个人之成功。而在一个静止的社会里,上升者与下落者的数量差不多。为了使大多数人在个人生活中能分享进步,进步就必须有一个较高的发展速度。"[2]

哈耶克承认,自由主义社会将产生与它所取代的秩序一样,甚至更严重的不平等,但持续变革和进步的承诺将确保每个人都支持自由主义体系。他坚信,即使会导致潜在的巨大不平等——远超农民和国王之间的差距——几乎所有人最终仍会拥护这种政治和经济制度。

---

[1] F. A. Hayek, *The Constitution of Liberty*, ed. Ronald Hamowy (Chicago: University of Chicago Press, 2011), p. 96.(译文引自弗里德里希·哈耶克:《自由宪章》,杨玉生、冯兴元、陈茅等译,中国社会科学出版社,2012年,第69页。——译者注)
[2] Ibid., pp. 95–96.(译文引自《自由宪章》,第68页。——译者注)

然而，人们越来越怀疑这一增长承诺能否继续维持下去。人类既面临着自然界对经济发展施加的限制——过去两个世纪经济增长的成本，在当今日益加速的气候变化中体现得越来越明显，也面临着市场资本主义不太可能为社会每个部分带来更多繁荣的现实。近年来，库尔特·冯内古特（Kurt Vonnegut）的第一部小说《自动钢琴》（Player Piano）中的远见卓识得到了印证。小说指出，市场资本主义内部奉为圭臬的逻辑——即通过寻找新的低工资市场，或用机器、计算机取代人类来永远压制工资，将使除少数工作形式之外的所有工作日益沦为苦差事和屈辱的来源。这种认识让人们再次回到了洛克的赌博式观念：即使存在巨大的不平等，并且缺乏阶层提升和阶级流动的前景，但只要提供物质上的舒适，就仍然可以使社会大多数成员感到满意。洛克自由主义最新的代言人是经济学家泰勒·考恩（Tyler Cowen），他的著作《平庸时代的终结》（Average Is Over）中的基本观点与洛克的观点基本相呼应。考恩承认，自由主义和市场资本主义永久性地延续了巨大的不平等，这种不平等甚至会让过去的公爵和伯爵们都自愧不如。但他同时认为，我们正处于美国历史上一个特殊时期的尾声——一个普遍相信相对平等和共享公民命运的时代即将终结，我们将要进入一个新的时代。在这个时代，美国将成为两个事实上分离的国家。然而，在该书恰如其分地题为"是否需要一个新的社会契约？"（"A New Social Contract？"）的最后一章中，考恩仍然得出结论，自由主义将继续获得广泛支持：

我们将从一个假装人人能维持基本生活水准的社会，转变为一个更加鼓励人们自食其力的社会。我设想这样一个世界：比如说，10%到15%的公民将拥有极多的财富，过着非常舒适安逸的生活，就像现在拥有更好医疗保健的百万富翁……这种将收入不平等合理化为能力导向的框架将自我强化。经常会有一些有能力的人摆脱贫困，这将使人们更容易忽视那些被发展落下的人。①

考恩预测，这个低收入群体将会聚集在类似得克萨斯州的地方：那里的住房便宜，有一些工作机会，但政府提供的服务质量低下。他建议，政治领导人应该考虑建造整片的贫民窟，提供低廉的租金和免费的网络，以此为大多数公民提供一个虚拟世界，让他们得以逃避即将成为其永久生活方式的严酷贫困和精神荒芜。考恩并不认为这种反乌托邦会终结自由主义，或引发一场旨在推翻这种自由主义本应颠覆的贵族制度的革命。相反，他的书以这样一种充满希望的态度结尾："我们甚至可以期待这样一个未来，廉价或免费的娱乐如此丰富，让人感觉有点像乌托邦……这才是隧道尽头真正的光明。"②

---

① Tyler Cowen, *Average Is Over: Powering America Past the Age of the Great Stagnation* (New York: Dutton, 2013), p. 258.
② Ibid.

强者统治

早期的现代自由主义设想，自主的个体会催生出一个财富积累状况截然不同的社会体系。正如詹姆斯·麦迪逊谈到世界上首个自由主义政体的建立时所说，"政府的首要目标"是保护"人类才能的多样性"。麦迪逊在《联邦党人文集》的第10篇中指出，"保护获取财产的各种不同才能，立刻就会产生不同程度的和各种各样的财产占有情况"。我们宪政秩序所奉行的政府首要目标是保护"多样性"，主要是财产积累上的差异，更进一步地说是由我们"才能的多样性"所产生的任何差异。自由主义政治被视为对这些不平等的维护。自由主义的第二波浪潮——进步主义则认为，第一波自由主义——也就是古典自由主义，虽然取得了巨大成功，但它所带来的严重不平等实际上阻碍了人们实现自我价值。后来的自由主义者承认，第一波自由主义成功地削弱了旧贵族的政治和经济体制，但他们也指出，这种成功产生了新的问题，需要新的自由主义理论来解决。如今，自由主义被认为与早期现代自由主义所倡导的经济自由和由此产生的阶层分化背道而驰，转而强调实现经济平等的重要性。

然而，这种拥抱经济平等的倾向并非旨在带来与古典自由主义截然相反的结果，而是试图进一步强化古典自由主义已经促成的社会形态，并促进文化传统的衰退，最终实现更大规模的政治整合。在古典自由主义框架下，这一目标可以通过限制政府对个人的权力来实现。对于进步主义而言，最好的方式则是赋予国家权力来均等分配日益繁荣的社会成果，同时更积极地干预教会、家庭，甚至人类性行为。

和古典自由主义者一样，进步主义者也通过强调纠正现有制度的不公正——例如市场资本主义带来的经济差距，来争取民众的支持。然而，他们倡导经济正义和试图控制市场（当然从未真正成功）的目的，并不是为了实现更大的平等，而是为了通过破坏支持大多数人繁荣发展的社会结构和文化习俗，来解放那些受到规范和文化约束的人。进步主义者努力实现经济平等（但实际上从未真正实现），背后是更深层次的自由主义目标，即让个人有机会摆脱与他人的互相束缚，尤其是脱离那些将人们命运捆绑在一起的共同文化规范、制度和社群。进步主义的首要目标是解放精英阶层，他们的崛起需要解构规范、社会中间组织和紧密型社群，而这种破坏是以牺牲这些社群原有的生活方式为代价的。讽刺的是，尽管我们今天的政治看起来像是古典自由主义者和进步主义者的冲突，但我们已经目睹了经济解放和个人解放共同的稳步推进。这是因为进步主义从来就不是古典自由主义的敌人，它真正的敌人是一种活生生的"柏克主义"，即大多数人的生活方式。

19世纪进步主义的奠基者们继承了古典自由主义的一个主要目标，即解放个人，使个人免于任何非自主选择的束缚，并重建世界，使那些特别倾向表现型个人主义的人能够兴旺发达。很少有自由主义者比约翰·斯图亚特·密尔更直言不讳地强调这种解放对于创造一个由完全白手起家者组成的全新统治阶级的重要性。为了让这些人免受偶然因素和环境的限制，密尔主张整个社会都应该为他们而重塑，即保护他们的独特性免受压迫性的社会规范，尤其是宗教约束和支配行为举止的社会规范的压迫。换句话说，密尔认为，"习惯"必须被颠覆，如此一来，那些希望在没有这些规范的情况下，根据个人选择生活的人才能获得最大的自由。

尤瓦尔·莱文（Yuval Levin）认为左右派的"大争论"（the Great Debate）发生在柏克和潘恩（Thomas Paine）之间，但实际上，我们这个时代的"文化战争"更多的是直觉派的柏克主义者和坦率的密尔信徒之间的争论。这可能会让一些人感到惊讶，因为密尔有时被认为是保守主义的朋友，尤其是对自由至上主义者而言。但实际上，密尔并非保守派，特别是从他于1859年出版的经典著作《论自由》中提出的论点来看，他可以称得上是现代自由主义的奠基人之一。密尔的自由主义崇拜者往往认为他的"伤害原则"（Harm Principle）主要意在限制政府对个人自由的干涉，但密尔更关心的是公众舆论可能造成的限制。他在书中指出，在他所处的英国，"和欧洲多数其他国度相比起来，舆论的束缚或许较重，法律的束缚则是较轻的；在这里，对于使用立法权力或行政权力来直接干涉私人行为这一点，有着相当不小的嫉恨"。处于民主主权时代的黎明，他承认公众舆论可能有一天会直接转化为民众授权的强制性政府权力,但那时,"多数人还没有学会去体认政府的权力就是他们的权力,政府的意见就是他们的意见"。① 他真正关注的不是强制性法律,而是压迫性的公众舆论。

压迫性的"舆论"主要表现在日常生活中的道德观念上——密尔不满地批评这种舆论为"因循守旧的传统习俗"。尽管密尔有时主张一个好的社会需要"进步"与"传统习俗"之间的平衡,但总的来说,他认为传统习俗是人类自由的敌人,而进步是现代社会的基本目标。遵循习俗意味着人从根本上缺乏反思,思维停滞不前。"人类的官能如觉知力、判断力、辨别感、智力活动,甚至道德取舍等等,只有在进行选择中才会得到运用。而凡因系习俗就照着办事的人则不作任何选择。"②

密尔承认,传统习俗曾经起到过一定作用。在更早的时代,当"身体或思想强健的人"可能藐视"社会原则"时,法律和纪律就像"教皇们对皇帝们的斗争","确定一种驾于个人整体的权力,要求控制他的全部生活以便控制他的性格"③。然而,传统习俗后来变得过于强大,支配了一切,"威胁着人性的危险并不是个人的冲动和择取失于过多,而是失于不足"④。密尔的目标,就是释放人性中经常以令人不悦的形式表现出来的天然本能、创造

---

① John Stuart Mill, *On Liberty*, in Gray, *On Liberty and Other Essays*, pp. 12–13.(译文引自密尔:《论自由》,许宝骙译,商务印书馆,2015年,第9页。——译者注)
② Ibid., p. 65.(译文引自《论自由》,第68页。——译者注)
③ Ibid., p. 67.(译文引自《论自由》,第70页。——译者注)
④ Ibid., p. 68.(译文引自《论自由》,第70页。——译者注)

性、难以捉摸和标新立异。非凡的个体——受教育程度最高、最有创造力、最富冒险性，甚至是最有权势的人——一旦摆脱习俗的束缚，就可能改变社会。密尔承认，"天才人物"总是少数；然而，这样的人，"比任何人更具个性"，他们"更不能适应社会为了省去其成员形成个人性格之麻烦而准备下的那些少数模子而不感到有伤害的压束"，他们需要"自由的空气"。① 社会必须为了这个虽小但至关重要的群体而重塑。一个基于习俗的社会会束缚个性，那些最渴望摆脱习俗枷锁的人并不是"普通人"，而是那些热衷于打破固有习俗的人。密尔呼吁建立一个以"生活实验"为前提的社会，这样的社会就是一个培养"更具个性"的天才的试验场。

密尔所设想的社会，如今已经部分成真。在任何地方、任何时刻，我们都被鼓励进行"生活实验"。传统习俗已遭颠覆，如今大部分所谓的文化（不论是否冠以"流行"之名），都充斥着嘲讽和挖苦的意味。深夜电视节目更是这种风气的避风港。社会在按照密尔的设想转型，批评他人的人尤其会受到嘲笑，因为"不轻易评判他人"已成为至高原则。

然而，与当今的"密尔主义者"相比，密尔本人更清楚地认识到，这样的社会将需要"最优秀的人"来领导"普通人"。抛弃传统习俗要求社会中最"先进"的阶层拥有更大的政治话语权，在密尔看来，可以通过投票权的不平等分配来实现这一点，受过

---

① John Stuart Mill, *On Liberty*, in Gray, *On Liberty and Other Essays*, p. 72.（译文引自《论自由》，第76页。——译者注）

高等教育的人应该拥有更多的投票权。对于落后的社会，密尔认为可能需要直接奴役那些落后社会的人口，直到他们能够走上进步的道路。这首先意味着要强迫他们工作，让他们更加注重经济生产，而不是浪费时间在宗教崇拜或休闲等活动上。

在美国历史的大部分时间里，人们虽然没有在哲学层面研究柏克，却在实践中遵循了柏克的理念。大多数美国人遵循着习俗生活，这些习俗包含了关于美好生活的基本道德准则。这些准则包括：从尊重父母开始，学会尊重权威；行为举止要谦逊有礼；避免淫秽或挑逗性的行为；只有结婚后才能发生性行为；忠于婚姻；应该生育孩子，且通常是越多越好；量入为出；感恩并崇敬上帝；尊敬长辈，谨记并承认对逝者的情义。

密尔将这些行为斥为人们盲目遵循的习俗，而柏克则赞扬它们是必不可少的"偏见"形式。在他的《法国革命论》中，柏克写道：

> 在这个启蒙的时代我十足敢于宣称，我们总的来说乃是具有天然的情感的人们；我们不是抛弃我们所有的那些旧的成见，而是在很大程度上珍视它们……我们怕的是每个人单只是依靠自己个人的理性储存而生活与交流，因为我们认为这种每个个人的储存是微少的，如果他们能够利用各个民族和各个时代的总的库存和资产的话，他们就会做得更好……偏见使一个人的美德成为习惯，而不致成为一系列

毫无联系的行为。正是通过偏见，一个人的责任才成为他天性的一部分。①

密尔担心公众会借由习俗导致舆论暴政，但柏克认为，暴虐的冲动更可能存在于"革新者"身上，而这种冲动可以通过"偏见"来加以限制。真正令人担忧的不是循规蹈矩的普通人，而是那些权力不受约束的强者。柏克认为，革命和暴虐冲动之间存在着密切联系，尤其是当掌权者披上民意合法性的外衣时，这种危险就更加隐蔽："创新的精神一般都是一种自私的气质和局限的眼光的结果……当（民主主义者们）没有警惕的时候，他们就以极其鄙夷的态度对待社会中较低贱的那部分人，而同时他们又佯装要把那部分人当成是一切权力的贮藏所。"②

社会如今遵循着密尔的原则，即"一切都被允许"，至少只要没有造成可衡量的（主要是身体上的）伤害就行。正如密尔所认识到的，这是一个为强者组织的社会。相比之下，柏克式的社会则是为普通人组织的，即大多数人受益于社会规范，这些规范是所有人——强者和普通人——都应该遵循的。一个社会可以通过强调非正式规范和习俗来造福大多数人，这些规范和习俗能确保大多数人通往幸福之路；或者，它也可以通过解除所有人的习

---

① Edmund Burke, *Reflections on the Revolution in France*, ed. J. G. A. Pocock (Indianapolis: Hackett, 1987), p. 76.（译文引自埃德蒙·柏克：《法国革命论》，何兆武、许振洲、彭刚译，商务印书馆，2022年，第116—117页。——译者注）
② Ibid., pp. 29, 49.（译文引自《法国革命论》，第44、73页。——译者注）

俗束缚来造福非凡和强大的人。我们的社会曾经是为了让大多数普通人受益而塑造的；如今，它则在很大程度上是为了让少数强者受益而塑造的。

自由主义的崛起

自由主义崛起这一文明变革的结果无处不在。我们的社会越来越被经济上的成功者和失败者所定义，成功者聚集在富裕的城市及其周边地区，失败者则大体上原地踏步，停留在不被重视的穷乡僻壤，在奖励高学历认知精英的全球经济浪潮中挣扎求生——这反映在现实层面，也反映在社会地位上。几十年前，罗伯特·赖克（Robert Reich）和克里斯托弗·拉希（Christopher Lasch）观察到了这一趋势，他们谴责的"成功者的分离"和"精英的反叛"，如今已经通过家庭、社区和学校走向制度化，并且在代际传承中得以复制。[1] 成功者的子女会接受为成为统治阶级做准备的教育，而那些缺乏财力的人则很难负担得起教育成本，并且对推动他们的孩子进入上层阶级所需的基本条件知之甚少。

查尔斯·默里和罗伯特·帕特南（Robert Putnam）都巧妙地记录了现代美国社会中自我延续的阶级鸿沟。[2] 默里通过两

---

[1] Robert B. Reich, "Secession of the Successful," *New York Times*, January 20, 1991; Christopher Lasch, *The Revolt of the Elite and the Betrayal of Democracy* (New York: Norton, 1994).
[2] Murray, *Coming Apart*; Robert A. Putnam, *Our Kids: The American Dream in Crisis* (New York: Simon and Schuster, 2015).

个虚构的城镇——富裕的贝尔蒙特镇（Belmont）和落后的鱼镇（Fishtown）——来展示当今这种阶级鸿沟：富人和有权有势者家庭美满，婚姻稳定（其离婚和婚外生育率相对较低），吸毒率和犯罪率都很低；而以鱼镇为代表的穷苦小镇则在以上所有方面都正在走向混乱。默里认为，贝尔蒙特镇居民只需要践行其所宣扬的美德，而不是密尔的"实验主义"和价值相对主义，就能够获得指导鱼镇居民实现成功所需的条件。帕特南则敦促政府加大对经济落后公民的支持，提出了一系列帮助他们打破社会衰落现状的方案。

双方都忽略了经验观察本应揭示的真相：这种状况并非自由主义的健康发展出现的偏差，而是其必然结果。从一开始，自由主义就许诺建立一个由新兴贵族阶级组成的新社会，这些人将因个人从历史、传统、自然和文化束缚中解放出来而蓬勃发展，同时拆除或削弱被重新定义为自由的限制或障碍的制度性支持。那些在天赋、教育和机缘方面最适合在这个缺乏制度支持的世界中取得成功的人渴望自主。即使自由主义家庭被重新构建成自主个体上升的垫脚石，但缺乏广泛社会网络的环境也会让那些没有优势的人在自由主义社会中沦为底层。加剧他们所处劣势的是"成功者的分离"，即社会和经济精英在地理上与穷苦民众的分离。精英们聚集在少数集中区域，吸走了那些原本可能参与地方慈善事业和建设当地公民社会的人士。

默里认为，精英阶层之所以不提倡稳定家庭生活和有利于维持社会地位的个人品质,是因为他们被进步主义的偏见所蒙蔽。但实际上,还有一个更重要的原因:自由主义统治阶层意识到,他们之所以能维持自己的地位,正是得益于稳定的社会制度,而这些制度讽刺性地成了密尔所称的"个人的跳板"。在这样的制度下,那些推崇个人至上的个体蓬勃发展,而传统习俗和社会规范则被削弱。一旦这些制度被大规模瓦解,各个社会阶层的家庭都会受到影响。但自由主义者却仍可以按照自己的原则重建家庭,即使失去了传统支持,也可以通过雇佣保姆、园丁、家庭教师等来维持。因此,重建后的家庭就成为自由主义统治阶层自我延续的主要手段之一,就像贵族家庭的财富和地位来源于土地和财产一样。自由主义统治阶层的家庭建立在松散的代际联系、可转移的文化资本、可替代财富的继承以及流动性之上。与此同时,他们却对底层阶级家庭的解体和社会规范的瓦解保持沉默,因为正是自由主义培育出来的解放个体导致了这些人沦为底层阶级,而后者现在必须承担解构传统家庭制度的代价。

实际上,即使古典自由主义和进步自由主义——洛克的经济自由主义和密尔的生活方式自由主义——自称势不两立,但两者实际上共同促进了自由主义的最有效发展。市场和国家都在推动着社会规范、文化以及支持性机构和社团的社会生态的破坏。前者的拥护者(例如默里)声称,由此产生的巨大不平等可以通过道德劝诫来缓解,而后者的支持者(例如帕特南)则认为政府可以取代公民社会,重建被自由主义统治阶层摧毁的家庭。双方都将代际不平等视为一种偏差，而不是承认它是自由秩序的一项主要成就。

自由主义统治阶层的自我欺骗并非有意为之，而是受到一种"高贵谎言"的影响。这种谎言源于古希腊哲学家柏拉图的《理想国》，它认为，为了维持社会秩序，统治者需要对民众隐瞒一些真相，并让他们相信某些不存在的平等或不平等。自由主义者们也采用了这种谎言，他们一方面宣扬人人平等，另一方面却维护着现有的不平等社会秩序。这种谎言不仅让底层民众相信自己的生活会随着自由秩序的进步而改善，更重要的是，让自由主义统治阶层自己也相信他们不是新的贵族阶级，而是与传统贵族完全不同的存在。为了维护这种谎言，他们从小就被灌输了社会公正和关爱弱势群体的理念，并以此来掩盖他们自身所拥有的特权和利益。讽刺的是，这些人往往对柏拉图在《理想国》中所说的"高贵谎言"嗤之以鼻，却完全没有意识到自己也被这种谎言所蒙蔽，没有意识到他们所处的洞穴已经被用来隐藏洞壁的人造灯光弄得隐形了。

第七章

公民身份的退化

"自由民主"这个词组被广泛用来形容一种政体,在西方,它如今被大多数人认为是唯一合法的政治组织形式。因此,"自由主义"这个形容词与"民主"这个名词并列,表面上看似乎更尊重"人民统治"这种古老的政体形式。然而,这个经常被使用的词组实际上达到的效果与它的表面意思截然不同:"自由主义"这个形容词不仅修饰了"民主",还将这种古老的政体重新定义成它的反面,变成一种人民并不真正统治,而是满足于一个自由的"愚人国"所提供的物质和军事利益的政体。同时,"民主"这个词也为自由主义政体提供了来自人民的合法性,这种合法性建立在人民表面的同意之上,而这种同意又取代了一种更强有力的公民身份概念。自由主义对私人事务而非公共事务,对自我利益而非公民精神,以及对个人意见聚合而非共同利益的不懈强调,导致了公民身份的退化。

在当今时代,人们大多遗忘了对民主的古老疑虑,即那些认为民主是一种堕落腐败的政体形式的观点。即使有人对此有所怀疑,也会被视为落后、独裁和反人类。自由主义的精妙之处在于,它通过取得人民的同意并安排定期的选举来获得合法性,同时却建立起一系列消解民主能量、鼓励公众分裂和碎片化,并确保由少数精英人士进行统治的社会结构。如果自由主义只是通过选举等形式获得合法性，却无法让人民真正参与民主决策，那么其合法性就会受到质疑。为了维护自身统治，自由主义巧妙地塑造了人们对民主的认知，使他们将"民主"与个人自我奋斗和自我形塑——表现型个人主义——联系在一起，并接受一种表面上的民主制度，这种制度掩盖了强大冷漠的政府，而政府更深层次的合法性来自表现型个人主义的扩展。只要自由民主能够不断满足人们对权利、权力和财富的追求，那么缺乏真正的民主参与就不是问题，甚至被视为一种理想状态。最终，自由主义逃避了民主制作为一种需要培养自律与自我规制的政体所带来的普遍挑战，转而将政府视为一个独立但仁慈的实体，该实体支持提供无限的物质商品和个人身份不受限制的扩张。

反民主的自由主义

自由主义的捍卫者们常常指出民主的危险，特别是不受限制的多数派对少数派自由的威胁。著名政治观察家法里德·扎卡里亚（Fareed Zakaria）曾指出，"非自由主义民主"（illiberal democracy）作为对政治稳定、个人权利和自由主义政治经济的主要威胁正在崛起。[①] 随着整个欧洲反对欧盟基本原则的民族主

[①] Fareed Zakaria, "The Rise of Illiberal Democracy," *Foreign Affairs*, November–December, 1997, pp. 22–43. 扎卡里亚后来将这篇文章扩写为 *The Future of Freedom: Illiberal Democracy at Home and Abroad* (New York: Norton, 2007) 一书。

义、民粹主义运动的兴起——此运动尤其关注国家边界如今逐渐模糊化的态势——以及英国退欧公投和唐纳德·特朗普当选美国总统,政治理论家和《华尔街日报》专栏作家威廉·高尔斯顿(William Galston)发表专栏文章警告说:"对自由民主最紧迫的威胁不是独裁,而是非自由主义民主。"[1] 在主要观察者的眼中,民主仍然像柏拉图和亚里士多德认为的那样,是一种充满威胁和令人不快的政体。就像古代哲学家通常将民主归类为"恶劣"或"堕落"的政体一样,当今的思想领袖们也认为,只有将民主限制在自由主义的框架内,才能在名义上坚持民主。他们认为自由主义可以限制多数派的权力,保护言论和新闻自由,以及在宪法制约下对政府进行制衡。他们通常还倾向于支持相对开放的市场和松散的国家边界,认为这些安排可以确保本国消费者的富足,同时增加全球范围内的经济流动和机会。

在这种情况下,民主只是一种可接受的合法化工具,其存在的前提是受到自由主义理念的约束,并且广泛支持这些理念。当多数派以民主的方式拒绝自由主义的某些方面时——就像近几年西欧和美国的选民所做的那样,越来越多的领袖就会发声谴责民主和群众的愚蠢。美国精英阶层时常讨论严格限制民主的可能性,认为民主会破坏专家们青睐的政策。尤其值得一提的是,那些主张将自由主义扩张到国家层面之外的人,以及因此支持经济一体

---

[1] William Galston, "The Growing Threat of Illiberal Democracy," *Wall Street Journal*, January 3, 2017, http://www.wsj.com/articles/the-growing-threat-of-illiberal-democracy-1483488245.

化和消除国家边界的政策的人,越来越多地主张进一步限制民主。其中一位是乔治城大学的贾森·布伦南,他在《反民主》一书中辩称,选民一直缺乏信息,甚至愚昧无知,因此民主政府最终将反映出选民的缺陷。① 布赖恩·卡普兰(Bryan Caplan)、杰弗里·弗里德曼(Jeffrey Friedman)和达蒙·鲁特(Damon Root)等其他倾向于自由意志主义的自由主义者认为,当民主威胁到自由主义的实质性承诺时——他们认为这种情况不可避免,因为缺乏教育和信息的选民是非自由主义的——干脆考虑一些抛弃民主的方法可能会更好。② 布伦南提倡"知识精英统治",即由经过测试和被证明拥有知识的执政精英,来高效地治理现代自由主义和资本主义国家并维护其社会秩序。

当代自由主义者持此立场并非新鲜事,它们与 20 世纪早期其他知名学者提出的论点遥相呼应。当时,人们对行政国家的专业知识越来越自信,同时对选民的智力能力持悲观态度。爱德华·珀塞尔(Edward A. Purcell)在其 1973 年的著作《民主理论

---

① 在 2016 年唐纳德·特朗普当选后,布伦南在《华盛顿邮报》的一篇文章中写道:"大多数选民对与选举相关的基本事实缺乏系统性了解,许多人对自己主张的政策知之甚少,如果他们更了解的话,就会转而予以拒绝;我们之所以有低质量的政府,是因为选民对他们在做什么几乎一无所知";"我们政府的问题在于民主制度"。请参考 Jason Brennan, *Against Democracy* (Princeton: Princeton University Press, 2016)。
② Bryan Caplan, *The Myth of the Rational Voter: Why Democracies Choose Bad Policies* (Princeton: Princeton University Press, 2007); Jeffrey Friedman, "Democratic Incompetence in Normative and Positive Theory: Neglected Implications of 'The Nature of Belief Systems in Mass Publics,'" *Critical Review 18*, nos. 1–3 (2006): i–xliii; Damon Root, *Overruled: The Long War over Control of the U.S. Supreme Court* (New York: St. Martin's, 2014).

的危机》(The Crisis of Democratic Theory)一书中,巧妙地记录了由于社会科学早期发现而引发的民主理论危机。早期的很多社会科学研究,包括对参与第一次世界大战的士兵进行的大规模智力测验,都表明美国的普通民众智商水平普遍偏低。这些士兵被认为可以代表美国普通公民的平均水平,甚至可能更高。20世纪二三十年代,一系列类似的证据促使许多知名社会科学家呼吁政府进行彻底改革。①

1934年,像美国政治科学协会主席沃尔特·谢泼德(Walter J. Shepard)这样的重要人物,也呼吁从根本上重新考虑美国对民主的传统"信仰",因为有充分的证据表明,人民并非受知识和智慧指导,而是受无知和一时兴起的情绪所驱动:"仅仅依靠理性是不够的,公众舆论还包含大量情感、反复无常和激情……我们不再相信'民意就是天意'。"②谢泼德最终得出民主制度不值得辩护的结论——其理由与布伦南、卡普兰、弗里德曼等人提出的论点类似。他敦促他的政治科学同行们摒弃对公众的不合理信任:选民"必须褪去曾经拥有的光环……普遍选举的教条必须让位于一项以教育和其他测试为基础的制度,该制度将排除那些一直以来频繁控制选举的无知、缺乏信息和反社会分子"③。即便是曾经宣称自己拥有"民主信仰"的约翰·杜威,在与沃尔特·李

---

① Edward A. Purcell, *The Crisis of Democratic Theory: Scientific Naturalism and the Problem of Value* (Lexington: University Press of Kentucky, 1973), p. 98.
② Walter J. Shepard, "Democracy in Transition," *American Political Science Review* 29 (1935): 9.
③ Ibid., 18.

普曼(Walter Lippmann)的一场漫长辩论中也承认,在日益复杂的时代,公众不太可能达到对公民知识和能力的要求,并建议将复杂的政治和科学信息进行"包装展现",使其如惠特曼的诗歌一样,简明、适当且易于理解,以满足现代社会公民所需。[①]

对于普通公民的民主素养的担忧,不仅引发了对民主的直接批评,也促使一些自称拥护民主的人士试图限制民主统治的范围。在某种程度上,进步主义的自由派人士似乎大力支持民主,并且他们也的确出台了许多措施,增加了更直接的民主治理形式。例如,在倡导公民直接投票权、罢免权和公投权等议题上,他们更多地表现出对依赖直接民意进行国家治理的信任,这也证明了进步主义时代人们相信民众的集体智慧。杜威等人甚至倡导对民众继续进行教育,并宣称"上帝真正的国度"即将实现。[②]

许多进步主义者同时拥护两种看似矛盾的主张:一方面他们要求**更多**的民主,另一方面却希望**减少**民众对政策制定的影响。他们支持政府更加专业化,主张通过考试和减少政治任命来提升公务员队伍的专业水平。这种做法与他们在其他领域主张的扩大选举权的做法相矛盾。进步主义者还支持政府机构扩张和行政"科学化",认为社会科学,尤其是政治学,能够制定出更加理性、客观和健全的公共政策,优于选民一时的意愿。20世纪初,伍德罗·威

[①] John Dewey, *The Public and Its Problems* (1927; Athens, Ohio: Swallow, 1954), pp. 183–184.
[②] John Dewey, "My Pedagogic Creed," in *The Early Works of John Dewey, 1882–1898*, ed. Jo Ann Boydston, vol. 5 (Carbondale: Southern Illinois University Press, 1967–1972).

尔逊（Woodrow Wilson）等进步主义者推动了政治学研究的发展，试图用社会科学方法取代价值观主导的政策制定方式。政治学领域的早期学者，例如查尔斯·梅里亚姆（Charles E. Merriam）、哈罗德·拉斯韦尔（Harold D. Lasswell）和乔治·卡特林（George E.G. Catlin），都认为政治学研究是制定客观公共政策的前提条件。"没有什么比将道德因素注入本质上非道德的事实调查更容易让人误入歧途"，在哥伦比亚大学任教的杜威写道。[1] 民意被认为应为政策制定者提供指导。因此，民主的范围被限制在表达偏好、收集个人意见的层面，然后专家整理这些意见，并为专业行政人员制定适当的政策提供依据。20世纪20年代的知名社会科学家埃尔顿·梅奥（Elton Mayo）宣称："全世界都迫切需要由行政精英统治。"[2] 我们期待一个受过高等教育、具备社会科学家提供的客观知识的官僚精英，听取非理性和无知的民主大众的意见，有时甚至引领和指导他们接受客观来看属于善政的公共政策。

建立约束

无论是过去还是如今的社会科学家们都认为，公民持续表现出无知、无能、冷漠和轻信错误信息等特点，这一事实就像水的分子组成或物理定律一样，都是客观且难以改变的事实。讽刺的是，

---

[1] Quoted in Purcell, *The Crisis of Democratic Theory*, p. 95.
[2] Quoted Ibid., p. 103.

在这个科学界尤其关注人类活动如何改变一些关于自然界的基本假设（特别是气候变化）的时代，社会科学的基本假设之一依然是，衡量选民的"参政能力"可以反映某些政治生活中存在的客观事实。自由主义的目的就是培养一群只关心个人利益和个人目标的公民，然而自由主义的更深层次理念使这些社会科学家对自由主义本身如何培养出这样的"公民"视而不见。一些社会科学家认为，由于公民缺乏知识和热情，应该废除民主，或者应该增加公民教育。但无论选择哪种方式，他们的基本假设都是一样的，即自由主义可以解决大多数当代自由主义者无法意识到的问题，尽管这些问题的根源正是自由主义本身。自由主义对自己的历史和目标的无知，着重体现在如今盛行的"当下主义"之中。这是自由主义拒不承认自己应该为如今的公民灾难负责，然后又声称必须通过应用更多的自由主义来化解该灾难的有力证明之一。

持续存在的公民素养低下、投票率低和缺乏公共精神等问题并不是自由主义偶发的弊病，也并非自由主义可以轻易治愈的。它是自由主义取得空前成功的结果，是其系统内置的目标，而过去和现在的社会科学家所发现的、广泛存在的公民对公共事务的冷漠和政治无知，正是成功的自由主义秩序的预期后果。

尽管进步主义者和美国国父们有诸多差异，但他们之间存在着显著的一致性，即他们都致力于自由主义：无论是古典自由主义还是进步主义的代表性思想家，都一边赞同选民的统治，一边又寻求使政府尽可能少地受选举影响，美其名曰是为了达到良好的政策结果。事实上,既然美国政府的体制是被美国国父们明确为非民主的,那么争论美国公众的"民主素养"不仅奇怪,而且可能是错误的。宪法的作者和捍卫者们在为这部基本法律辩护时,就明确否定了美国宪法旨在设计一个民主政体的观点。他们试图建立的是共和国,而非民主国家。正如麦迪逊在其著名的《联邦党人文集》第 10 篇中所说:"因此,这种民主政体就成了动乱和争论的图景,同个人安全或财产权是不相容的,往往由于暴亡而夭折。赞成这种政府的理论政治家错误地认为,如果使人类在政治权利上完全平等,同时他们就能在财产、意见和情感上完全平等。"①

麦迪逊更强调,可以通过两种方式避免民主的危险(在他的概念里,民主被设想成是小规模的直接民主,公民参与程度很高,大致相当于美国最小的州的规模):第一,通过新型政治科学的"代表制原则";第二,通过"扩大范围",即创建一个大型政治实体,以最大限度减少公民联合("派系")的可能性,增加利益群体的数量,并抑制公民的政治信任和活动。尽管麦迪逊保留了将最终主权赋予人民的选举联系,但他明确表示,代表们不应该过度受人民意志的影响。他认为,代表制的理想效果是"通过某个选定的公民团体,使公众意见得到提炼和扩大,因为**公民的智慧最能辨别国家的真正利益**"②。

---

① James Madison, Alexander Hamilton, and John Jay, *The Federalist*, ed. George W. Carey and James McClellan (Indianapolis: Liberty Fund, 2001), no. 10, p. 46.(译文引自汉密尔顿、杰伊、麦迪逊:《联邦党人文集》,程逢如、在汉、舒逊译,商务印书馆,2015 年,第 56—57 页。——译者注)
② Ibid. 强调符号为作者所加。(译文引自《联邦党人文集》,第 57 页。——译者注)

在《联邦党人文集》第 10 篇中，詹姆斯·麦迪逊认为，国家的最大利益在于维护"政府的首要目标"，即保护"人类才能的多样性"，公共领域的存在是为了使个人彼此区别开来。在麦迪逊这个生活在 18 世纪的人的观点中，政府的存在是为了"保护"个人的追求和追求的结果，特别是当这些个人差异表现在财产获取上的不平等和多样性上的时候。政府需要尽可能地保护个人的自由空间，并通过鼓励公民和公职人员追求自我利益来实现这一点。麦迪逊认为"必须用野心来制衡野心"，这种分权制衡，是防止任何特定个人集中并掌握权力的一种方式；但与此同时，政府本身也获得了大量新权力，可以直接作用于个人，既是为了使他们摆脱特定地域的限制，也是为了促进商业以及"实用工艺和科学"的发展。

这种自由主义的政治技艺旨在使个人摆脱对特定的人和地方的部分忠诚，转而使我们成为首先努力实现自身抱负和欲望的个体。现代共和主义的新技艺之一，是麦迪逊所称的"扩大轨道"，即扩大政治参与，这不仅会产生"合适品格"的政治领导者，还会向公民灌输对公共事务的冷漠和个人主义。麦迪逊希望扩大政治参与的一个结果是，倾向于推进特殊利益的公民之间会产生更多的不信任，从而降低他们联合和沟通的可能性："当人们意识到不公正或不光彩的目的时，沟通总是会因对参与该目的的人数成比例地受到阻碍。"于是我们可以看到这样一幅图景：每个公民都面对着一大群他们倾向于不信任的同胞，以及一群代表——

尽管由公民选举产生，但他们却自行承担责任，根据他们对国家最大利益的看法来治理国家。

麦迪逊的希望是，一旦民众认识到自己在公共领域力量的相对薄弱，他们就会把注意力转向更容易实现的私人目标和目的。政治领域将吸引那些雄心勃勃和渴望权力的人，联邦政府日益增长的权力将被用于鼓励个人追求私人抱负，同时也会被用于鼓励他们摆脱人际关系和联系，培养对他人的不信任，使人际关系变得脆弱、短暂和易变。现代共和制对抗古代派系政治问题的方式，并不是鼓励公共精神，而是通过共和国的广阔疆域、不断变化的政治动态、对"多元化"的鼓励，以及将多样性作为默认偏好的方式来培养"对动机的怀疑"，进而导致公民的观念发生转变。古人对美德和共同利益的颂扬将被现代共和制的基本动机——追求自我利益——所取代，从而导致整体力量的增加，来满足欲望。

因此，这种自由主义政体所培育的是这样一个社会：颂扬自我利益，赞美个人无限的野心，将私人利益置于公共利益之上，人们被鼓励与他人保持心理距离，甚至质疑任何限制我们个人自由的根本性关系。麦迪逊大体上认为这种个体差异主要通过财产来体现，但我们也很容易辨别出这种"外在"的差异是如何最终被"内化"为个人身份的。同样地，要想"保护人类才能的多样性"，包括保护个人可能想要拥有的任何身份，也需要一个积极庞大的政府。对个人身份形式"多元化"的推崇，深深根植于自由主义工程的核心结构之中，随之而来的是民众公共意识的下降和对共同利益的漠视。人们共同效忠的对象,只剩下那些支持越来越多的个体化、碎片化和"能力多样性"扩张的政治工程。

出于私人动机的公共崇高

如此看来,大众民主的起源,似乎与尽量减少公民积极参与的努力密不可分。美国政治的主流叙事——从建国时代到进步主义时代,甚至直至今日——在宣扬民主治理的同时,也一直设计有一些结构来防止政府过多受到民意影响。最近的一些限制民众投入并掌控政治的例子,有"蓝丝带委员会"(blue-ribbon commissions)的兴起,[①] 以及像联邦储备委员会这样半政府性质但基本上不受制约的机构影响力的增长。

古典自由主义者和进步主义者不仅在限制民主实践和公民参与积极性方面抱有同样的雄心,而且在什么是"好政策"方面也有着实质性的共同愿景。对于美国国父和进步主义者来说,好政策都是那些增进美国的经济和政治实力,以及随之而来的,促进私人和公共权力扩张的政策。自由主义追求的不是驯服和约束权力,也不是培养节俭和节制等相关的公共和私人美德,而是利用体制设计,将权力导向国家,以及那些具有发展活力的政治目标。

---

① "蓝丝带委员会"最初指由美国海军在 1840 年代末成立的一个委员会,该委员会负责调查海军造船厂的效率,其成员佩戴着蓝丝带,以表明他们的独立性和公正性。现在指由政府任命的、由杰出人士组成的委员会,负责调查或研究特定问题,并向政府提交报告。这些委员会通常具有一定程度的独立性,不受政治或其他权力的影响。——译者注

正如普布利乌斯（Publius，即《联邦党人文集》作者麦迪逊、亚历山大·汉密尔顿和约翰·杰伊共同使用的笔名）在为宪法赋予联邦政府灵活权力辩护时解释的那样，考虑到未来政治生活中所存在的、不可预见的情况——尤其是在外交领域，需要联邦政府拥有行使无法衡量，因此也是无限的潜在权力。"由于未来的意外事件可能发生，"汉密尔顿在《联邦党人文集》第34篇中写道，"所以就应该有一种为它们做准备的能力。又由于这些事情的性质不可估量，所以不可能有把握地限制那种能力……除了由于可能发生突然事变而规定一种无限权力以外，我们又能停在什么地方呢？"① 事实上，这正是这些美国国父所设想的国家性质——一个具有对外扩张野心的商业共和国。而为了达到这样的目的，需要为此等国家领袖提供"无限权力"。"倘若我们要想成为商业人民，"汉密尔顿继续写道，"有朝一日它必然会成为我们能够保护这种商业的政策的一部分。"② 这个论点与马基雅维利的论点相呼应：君主必须能够运用无限的权力来保卫国家；不受约束的野心将引领国家走向富强，这将使其他国家更有可能试图入侵；因此，通过一种铁的逻辑，对国家强大富裕的渴望使追求无限权力变得必要且不可避免。

美国国父们认识到，如果他们设计的架构足够好，就可以将

---

① James Madison, Alexander Hamilton, and John Jay, *The Federalist*, no. 34, p. 163.（译文引自《联邦党人文集》，第193—194页。——译者注）
② Ibid., p. 164.（译文引自《联邦党人文集》，第194页。——译者注）

人们的忠诚从地方转移到中央政府。为了实现这一目标，就需要改变人们对自由的直觉理解，从认为自由是自治的实践，变成视自由为扩展"才能的多样性"——无论是通过财产和财富的无限增加，还是哲学家理查德·罗蒂所描述的随着自由民主的进步而产生的"更多存在"的体验。由私人性、物质性、个体性、表达性自由塑造的现代人，不再关注地方事务和公民自由，转而认同中央政府，并将其视为一切自由的源泉和保障。对此，美国国父们不会感到惊讶。

为了实现这一目标，美国国父们制定了选举制度，旨在选拔有能力的人担任国家公职人员。他们还扩大民众的政治参与，并设定宏伟的国家目标，以吸引那些认同国家伟业的人才。在一场辩论中，针对州权论者对联邦政府篡夺州权的担忧，汉密尔顿的文章实际上证实了这正是联邦政府的目的，并透露出他认为什么样的人将会被吸引到中央政府：

> 我承认我也难以发现委任管理全国政府的人有什么原因要剥夺各州的那些权限。我觉得一个州内部治安的管理对野心的引诱力是极其微小的。商业、金融、谈判和战争，对于受那种情感支配的人来说，似乎已包含一切有诱惑力的目标，而达到那些目标所必需的一切权力，首先就应该交付给全国家的得到委托的人……因此联邦会议中不可能存在篡夺与它们有关的权力的倾向……据有那些权力，对于全国政府的尊

严、重要性和名声来说，也毫无作用。[1]

汉密尔顿的论点体现了他对美国未来政治秩序的预测，即，随着时间的推移，联邦政府会通过其特殊支持来扩大个人自由的范围，民众最终不仅把联邦政府视为自由的保护者，而且会将更直接和地方性的自我规制视为自由的障碍。

虽然今天许多保守派声称，美国宪法旨在维护美国的联邦制，确保人们对其地方身份的认同，但《联邦党人文集》的根本论点却与这一说法相矛盾。在《联邦党人文集》里，美国国父们认为民众最终会更多地认同联邦政府，而不是地方政府和州政府。麦迪逊和汉密尔顿都承认，人类天然会对离自己最近的事物有更大的好感，但却存在一个重要的附加条件。麦迪逊在《联邦党人文集》第46篇里写道："人民首要的和最自然的归属将是他们各自的州政府。"汉密尔顿在《联邦党人文集》第17篇中写道："众所周知的事实是：人性的情感通常随着对象的距离或散漫情况而减弱。"[2] 他们都承认，更喜欢亲近和较直接"属于自己"的东西，而不是遥远和不熟悉的东西，是人类一种持久的天性。

对这个直率的论断，每位联邦党人都自行添加了重要的前置条件。汉密尔顿在《联邦党人文集》第17篇中继续强调这种偏

---

[1] James Madison, Alexander Hamilton, and John Jay, *The Federalist*, no. 17, p. 80.（译文引自《联邦党人文集》，第96—97页。——译者注）
[2] Ibid., no. 46, p. 243; Ibid., no. 17, p. 81.（译文引自《联邦党人文集》，第284、97页。——译者注）

爱近距离事物的自然倾向,但为之设置了一个重要的例外:"一个人对家庭的依附胜于对邻居的依附,对邻居的依附胜于对整个社会的依附。各州人民对他们的地方政府往往比对联邦政府怀有更强烈的偏袒,除非这一原则的力量为后者大为优越的管理所破坏。"① 麦迪逊在《联邦党人文集》第46篇中呼应了这一观点:"因此,正如另一地方已经提过的那样,如果人民将来对联邦政府的偏袒胜于对州政府的偏袒,那么改变只能产生于那种一目了然和无可辩驳的证明,这种证明会克服以前的一切倾向。"② 更好的"施政"将摧毁人们对天然更亲近与更熟悉的地方政府的忠诚;而所谓更好的施政,指的是由能干、睿智和高效的领导者实施的治理,他们能够履行政权的主要承诺。

汉密尔顿承认这种人类对更本地事物的自然吸引力的例外情况可能适用于宪法所创造的国家体制是一点也不令人惊讶的。联邦政府如此集中地任命那些将州政府的活动视为"微不足道的诱惑"的人,正是促使汉密尔顿得出该结论的原因之一,即随着时间的推移,联邦政府的行政效率可能会比各个州政府更高。在《联邦党人文集》第27篇中,他将选举范围的扩大和吸引"精英团体"的可能性列为"在这些论文中曾经提出"的"**全国政府会比**

---

① James Madison, Alexander Hamilton, and John Jay, *The Federalist*, no. 17, p. 81. 强调符号为作者所加。(译文引自《联邦党人文集》,第97页。——译者注)
② Ibid., no. 46, p. 244. (译文引自《联邦党人文集》,第284页。——译者注)

地方政府管理得更好"的"各种理由"之一。①将《联邦党人文集》第27篇的这个结论与第17篇和第46篇表达的附加条件连起来，我们就能清楚地看到，联邦党人显然相信并计划用联邦政府层面的更好施政来促进人们减少对其当地政府的忠诚和对当地政治的参与，并促使人们更加依附联邦政府。

对于我们的注意力应该集中于何者之上这个问题，答案显而易见：《联邦党人文集》的作者们认识到，对地方的忠诚最终会被国家拓展"能力多样性"的力量所打败，并将这种自由定义为唯一值得拥有和追求的自由。成为一个民主国家的公民意味着追求个人抱负和体验，而公民的职责则通过支持一个不断推进表现型个人主义的政府来履行。因此，"进步主义者"在遏制致力于增加财产和获取经济权力的私人领域扩张方面收效甚微，"保守主义者"同样也阻止不了表现型个人主义的发展，尤其是阻止不了性解放浪潮。任何想知道为什么共和党人始终未能大幅缩减联邦政府规模并将权力下放回各州（如果不是自罗斯福新政以来，也至少自从巴里·戈德华特的时代以来，共和党人就一直声称他们寻求这样做）的人，都应该认识到，这种逆转权力集中方向的尝试是违背这个政权的逻辑和本质的。该政权的设计目的就是让权力集中于联邦政府，尤其是将最具雄心壮志的人吸引到联邦政府——那些人将通过他们的雄心壮志，来确保权力继续集中于联

---

① James Madison, Alexander Hamilton, and John Jay, *The Federalist*, no. 27, p. 133. 强调符号为作者所加。（译文引自《联邦党人文集》，第157—158页。——译者注）

邦政府。商业和战争是联邦政府最重要的活动，这些活动也因此越来越多地塑造了联邦政府。

尽管建国时代的自由主义思想家和进步时代的思想家之间存在种种差异，但他们身上有一个惊人的相似之处，那就是伴随着美国经济规模的扩大，他们都努力扩大公众参与美国国家政治的范围，并扩张国家政治所涉足的领域。只有在对政治的基本目标抱有这种假设的前提下，才能预设什么是"好政策"——它往往是任何能增加国家财富和权力的政策。从这个意义上来说，尽管存在种种差异，进步主义者和美国国父们一样，都继承了现代自由主义的理念，即把政治看作控制自然、扩大国家权力、把个人从人际关系和义务中解放出来的手段，包括那些因公民积极参与民主政治所带来的束缚。

美国国父们和进步主义者都试图通过投资基础设施和通信手段，增强联邦政府对国家不同地区的影响力，同时提高经济效率，促进经济活动。正如美国国父们可以将"促进实用工艺和科学"列为宪法的一项规定一样，进步主义者约翰·杜威经常赞扬弗朗西斯·培根是"现代思想的真正奠基人"，并赞扬科技进步等同于民主本身的进步。[1] 尽管杜威如此颂扬"民主"，我们也不应忘记，他的民主定义与一切最终有利于"增长"的结果息息

---

[1] 杜威曾说："民主的组织日益完善绝非偶然，这恰好与科学的兴起同步，其中包括电报和蒸汽机等传播真理的工具。只有一个事实，那就是人类通过认识生命的真理，更加完整地走向与同胞的统一。"请参见 John Dewey, "Christianity and Democracy," in Boydston, *Early Works*, 4: 9。

相关。对于美国国父们和进步主义者来说，扩张麦迪逊所描述的"理性帝国"是最重要的，为此，对民选政府的信任将首先通过培育一个"由庸众统治的社会"来调和——此处的"庸众"（res idiotica）指的是这样一类民众，他们对共和国的忠诚建立在国家能持续扩张其私人目的和表现型个人主义的基础之上。

非自由民主的必要性

托克维尔在 1830 年代初访问美国城镇时，美国人对共同公民生活表现出的强烈积极性让他感到惊讶："很难说哪些职位是美国成年人政治生活的关心所在。参与社会的管理并讨论管理的问题，是美国人的最大事情，而且可以说是他们所知道的唯一乐趣。"[①] 尽管托克维尔预言美国民主的进程将导致"个人主义"、"孤立"和公民的被动性，但他实际观察到的现象却几乎完全相反："如果叫他们只忙于私事，他们的生存就将有一半失去乐趣；他们将会在日常生活中感到无限空虚，觉得有难以忍受的痛苦。"[②]

托克维尔所观察到的，是在美国成为自由主义国家之前，其民众参与的民主实践。他认为，这种民主实践的起源可以追溯到美国早期清教徒的殖民活动，尤其源于人们普遍认同的基督教

---

① Tocqueville, *Democracy in America*, p. 243.（译文引自《论美国的民主（上卷）》，第 305—306 页。——译者注）
② Ibid.（译文引自《论美国的民主（上卷）》，第 306 页。——译者注）

自由理念,他相信正是这种理念启发了民主实践。在《论美国的民主》的前面章节中,托克维尔描述了他在科顿·马瑟(Cotton Mather)的《基督教美洲传教史》(*Magnalia Christi Americana, or The Ecclesiastical History of New-England*)中发现的一个"对自由的绝妙定义":

> 实际上,有两种自由。有一种是堕落的自由,动物和人均可享用它,它的本质就是为所欲为。这种自由是一切权威的敌人,它忍受不了一切规章制度。实行这种自由,我们就要自行堕落……但是,还有一种公民或道德的自由,它的力量在于联合,而政权本身的使命则在于保护这种自由。凡是公正的和善良的,这种自由都无所畏惧地予以支持。这是神圣的自由,我们应当冒着一切危险去保护它,如有必要,应当为它献出自己的生命。①

在这里,托克维尔赞赏地引用了一个可以追溯到古典时期的对自由的理解差异,即被理解为自我放纵的自由,也就是"想做什么就做什么",与被理解为自律的自由,尤其是为良善的目的而做出的自由选择。托克维尔以一种更加当代的表达方式赞美了后者,

---

① Tocqueville, *Democracy in America*, p. 46.(译文引自《论美国的民主(上卷)》,第 53 页。——译者注)

即古典思想和基督教思想所定义的自由，也就是做符合"正义与良善"之事；而不是自由主义所理解的自由，即只要不伤害他人，就可以随心所欲地行事。正如马瑟所说的那样，古典形式的自由与权威是一致的，权威在此旨在引导社会，鼓励公民只做那些导向"正义与良善"的决定和行动。

自由主义者认为，这种严格的社会秩序与自由相悖，是"清教徒式的"。但托克维尔却认为，这种自由的政治转变会自然而然地带来民主实践。这种民主制度需要自我管理的纪律，这是一种非常具有挑战性的政治实践，要求严格的个人自我约束。民主制度要求限制个人欲望和偏好，尤其是在人们意识到只有通过与其他公民持续互动才能辨别出共同利益的情况下。事实上，托克维尔认为，个人的自我正是通过这种互动才能发生根本性的转变："人只有在相互作用之下，才能使自己的情感和思想焕然一新，才能开阔自己的胸怀，才能发挥自己的才智。"①

对于托克维尔来说，这样的说法不仅仅是理论上的：他相信清教徒的自由观念与他在旅行经过美国东北部各州时所目睹的新英格兰乡镇民主实践之间存在着直接联系。在观察到当地人民直接为自己制定法律的自我规制实践后，托克维尔得出以下结论，"然而，乡镇却是自由人民的力量所在。乡镇组织之于自由，犹如小学之于授课。乡镇组织将自由带给人民，教导人

---

① Tocqueville, *Democracy in America*, p. 515.（译文引自《论美国的民主（下卷）》，第695页。——译者注）

民安享自由和学会让自由为他们服务。"①他强调，正是由于乡镇层面的基层政治的亲近性和即时性，才使公民更有可能关心并积极参与他们自己的命运，以及他们同胞的共同命运。相比之下，他注意到人们对更遥远的权力中心（包括州政府和更遥远的联邦政府）缺乏关注，只有少数雄心勃勃的人可能在那里执政，但对于城镇内的积极公民来说，这些政府无关紧要。托克维尔认为，一个对地方自治视而不见的公民群体，却将所有注意力和精力都集中在遥远的国家权力的运作上，这并不是民主的顶峰，而是对民主的背叛。

托克维尔认为，自我规制是实践和习惯的结果，缺乏这种自我规制不会带来自由的兴盛，反而会使民众沦为遥远统治者的奴隶。在他看来，民主并非行使投票权，而是体现在特定地方，与熟悉的人们之间长期进行的持续讨论、辩论和自我规制实践当中。托克维尔并不认为这种统治是乌托邦式的或毫无瑕疵的："毋庸置疑，人民插手公共事务，往往会把事情搞得很糟。但是，不扩大人民的思想境界，不让人民摆脱陈规旧套，他们就参与不了公共事务。"民主不仅仅是自我利益的表达，而是将原本狭隘的利益转化为对共同利益的广泛关注。这只能通过公民同时统治自己和被自己统治的实践来实现：民主"并非法律所创造，而是人民

---

① Tocqueville, *Democracy in America*, p. 57.（译文引自《论美国的民主（上卷）》，第74页。——译者注）

通过立法而学会创办的"。①

一些自由主义者批评民主，尤其是他们所谓的"旁观式民主"，实际上是在指责自由主义本身创造的公民参与度低下的畸形民主。他们认为，这需要进一步将民众排除在政治之外，转而在私人领域满足他们的需求，由距离他们十分遥远的富人和官僚来为他们提供保障。②一些鼓吹公民教育的自由主义者忽略了问题根源在于自由主义本身。他们无法想象限制联邦政府权力，支持地方自治。那些指责公民对公众事务漠不关心或无知的人，实际上是在加强民众对自由主义国家的认同，这只会进一步损害公民身份。

我们不该对一个已经衰落的公民群体想要挣脱开自由主义秩序的桎梏感到惊讶，尤其是在该秩序的成功本身已经造成了公民在政府、经济、科技和全球化力量面前感到无能为力的病态现象的情况下。但是，一旦公民素质下降，他们就不太可能像托克维尔所期望的那样克制自己；可以预见的是，他们的反应将是含糊不清地呼吁强人来控制遥远且无法治理的国家和市场的力量。自由主义本身可能会促使民众渴求一位非自由主义的独裁者，承诺

---

① Tocqueville, *Democracy in America*, pp. 243–244.（译文引自《论美国的民主（上卷）》，第306—307页。——译者注）
② 杰森·布伦南写道："政治参与度的下降只是一个好的开始，但我们还有很长的路要走。我们应该希望参与度更低，而不是更高。理想情况下，政治只应占据普通人一小部分的注意力。理想情况下，大多数人会用绘画、诗歌、音乐、建筑、雕塑、挂毯和瓷器等艺术活动，或者去看橄榄球比赛、纳斯卡赛车、拔河比赛、关注名人八卦、去苹果餐厅吃饭等休闲娱乐活动来充实他们的生活。理想情况下，大多数人根本不必担心政治。"参见Brennan, *Against Democracy*, p. 3.

保护人民免受自由主义本身的反复无常所带来的困扰。自由主义者害怕出现这种情况是情有可原的,但他们却固执地无视自己在自由秩序本身催生非自由一事上扮演的帮凶角色。

结论

自由主义之后的自由

自由主义的成功导致了它的失败。随着自由主义发展到极致，它所产生的问题越来越多，已经无法通过简单的解决方案来掩盖。选举政治、国家治理和经济出现系统性问题，公民对自由主义的合法性失去信心，这些问题并非孤立事件，而是相互关联的合法性危机，它们预示着自由主义的终结。

我们的政治眼界太窄，没意识到现在的问题不是简单地运用自由主义就能解决的。我们面对的是一个大问题，是隐藏在背后的思想观念造成的系统性问题。问题不在于某个小环节，而是整个系统都有问题。我们很难想象到，自己正处在一场大危机中，我们最根本的系统性认知正在被摧毁。

自由主义那套好听的说辞现在越来越站不住脚了，虽然那些既得利益者还在坚持和维护它，但对于自由主义带来的新底层人民来说，它越来越像是一个谎言，而且也不是什么高尚的谎言。在那些被领导层告知政策会让他们受益的人中，不满情绪也在滋长，但自由主义还是他们深信不疑的信仰，尽管他们最应该看清自由主义的本质。自由主义的支持者把普遍的不满、政治运作的困难、经济不平等、人民之间的分裂和民粹主义看作偶然的问题，认为其和系统性原因无关，因为他们在现有体制中有很多既得利益，所以自我欺骗。这种分歧只会越来越大，危机也会越来越严重，政治和经济上的临时解决办法将越来越难以维持这个体制的运作。自由主义的末日快到了。

这种结局有两种可能。第一种情况是，我们可以预见到一个叫"自由主义"的政治制度继续存在，但它的运作方式会完全违背它所宣称的自由、平等、正义和机遇。现在的自由主义将越来越依赖强制手段来维持自由主义秩序——特别是在由一小部分越来越不重视民主的精英统治的行政国家里。绕过民主和民粹主义的不满已经成为常态，支持自由主义秩序的是越来越强大的"深层国家"的力量，它拥有广泛的监控权力、法律授权、警察权力和行政控制权。尽管自由主义声称基于同意和民众支持，但这些手段仍将继续使用。这样的结局是矛盾的，就像托克维尔在《论美国的民主》中预见的，民主最终可能变成一种新的专制。

但是，这种结局肯定会伴随着动荡，暗示了第二个可能的结局——自由主义宣告终结，被另一种政权所取代。想象到这种结局的人，大多都对后续政权可能的残酷性予以了正确的警告。魏玛共和国的崩溃和法西斯主义的崛起，以及沙俄在转向社会主义之前的短暂自由主义盛行都是现成的例子。虽然这些残酷的失败案例表明，即使在后自由主义时代，这样的政权也不太可能得到公众的广泛支持。但后自由主义公民的愤怒和恐惧，似乎完全有可能导致出现某种形式的民粹主义、民族主义的威权主义或军事独裁。

西方自由民主国家日益增长的不满情绪表明，这两种结局都可能出现，但都不是我们希望看到的。然而，自由主义自身的失败可能预示着这种结局的到来,即使自由主义的捍卫者不愿意承认他们在加剧普遍不满方面所扮演的角色,但这也只会增加这种可悲结局发生的可能性。现在的自由主义捍卫者把他们不满的同胞看作落后和反动的群体,经常用种族主义者、狭隘的宗派主义者或偏执狂这些恶毒的词语攻击他们。由于自由主义把自己看作一台可以自我修复的永恒政治机器,因此,其支持者几乎无法理解自由主义的失败可能导致它被一个残忍恶毒的后续政权所取代。对他们来说,这几乎是不可想象的。在衰落政权的末期,它的支持者们不太可能努力提出一个人道的后自由主义替代方案。

自由主义之后

设想一个人道的替代方案,来取代自由主义的独裁政权,或可能取而代之的僵化且很可能残酷的威权政权,只不过是一种思维游戏,最坏不过是白费力气。然而,如果想要避免自由主义之后的严酷生活,并带来一些可能更好的东西,参与曾经作为政治哲学核心的活动,即肇始于柏拉图《理想国》的对乌托邦与现实主义的权衡,仍然是必不可少的。如果今天在我们这个完全由自由主义塑造的景观中只能看到最粗略的轮廓,那么我们需要试探性地迈出第一步。目的地是未知和不可预见的,这段旅程可能需要几代人才能完成。

我初步地将我的看法分为以下三步:

- 第一，我们得承认自由主义确实取得了一些成就，不能总想着回到过去，要抛弃那种想回到自由主义之前时代的想法。我们要在解决自由主义失败的根本原因的同时，继续发扬这些成就。我们不能走回头路，只能向前看。
- 第二，我们得告别那个充满意识形态的时代。自由主义宣称的理想和公民实际生活之间的差距越来越大，谎言已经没人信了。我们不应该去想什么替代意识形态（或者重新捡起某个更新版本的替代方案，比如复兴的极左意识形态），而应该专注于培养新文化、家庭经济和城市生活。
- 第三，从这些经验和实践的融合中，最终可能会产生更好的政治和社会理论。这样的理论要避开自由主义的意识形态，同时要认识到自由主义的成就和它所提出的要求——尤其是对正义和尊严的要求。这种理论的轮廓已经有点眉目了，它以自由主义保留的前自由主义时代的基本概念（特别是古典自由的观念）为指导，并结合了人类生活所必需的经验和实践。迈向新理论的第一步虽然是试探性的，但考虑到西方传统中那些自古以来一直有吸引力的基本政治理想，它的前景还是很有希望的。

没有回头路

和人类的其他创见一样，自由主义也有它的成就。当然，那些只活在自己小世界里的自由主义者太自满了，所以有必要展示他们成功背后的代价。但是，如果我们想要创造一个更人性化的后自由主义未来，我们就不能假装自由主义时代不存在，或者简单地抛弃它，试图回到一个从未存在过的田园牧歌式的过去——尽管过去可以指导我们走向新的可能性。迈向后自由主义时代的每一步，都应该从理解自由主义的吸引力开始，并努力实现自由主义承诺的崇高理想。

虽然自由主义自称是全新的理论，拒绝了所有过去的政治架构，但实际上它吸收了从古代到中世纪的长期发展成果。它吸引人的部分原因是它从深厚的信仰和信念中受益。古代政治哲学特别关注如何避免暴政，实现政治自由和自我管理。我们政治传统中的基本术语——自由、平等、尊严、正义、宪政主义——都有古老的根源：基督教思想和它在中世纪的发展，强调个人尊严、人的概念、权利和义务、公民社会和社团的重要性，以及有限政府作为防止暴政的最佳手段。自由主义的吸引力不在于它对过去的拒绝，而在于它依赖于这些西方政治认同的基础概念。

自由主义的创造者接受了古典思想和基督教传统的语言和术语，即使他们改变了其意义和实践。他们反对古典思想和基督教对人作为社会和政治生物的理解，并提出自由、权利和正义可以通过重新定义人性来实现。这使得自由主义的政治诉求更接近大众，更受欢迎，但代价是建立了一个破坏这些理想的政治世界。自由主义与过去的决裂建立在错误的人类学观念上。然而与此同时，随着人们对自由主义未能实现这些理想的不满增加，这些理想变得更加普遍和稳固。

西方哲学与其实践之间曾经存在巨大脱节。自由、平等和正义的理想与奴隶制、束缚、不平等、忽视女性贡献和专制等级制度并存。自由主义是西方基本哲学理念的巨大成功，是人们要求政治和社会更接近自由主义理想的体现。

然而，在推进这些理想时，自由主义通过其对人性及政治、经济、教育和技术应用的扭曲理解，背叛了这些理想。今天，我们的既定理想和实践之间也存在巨大脱节，与过去不同的是，自由主义意识形态使我们难以察觉这种脱节，因为理想的失败已成为自由主义的固有问题。"自由"被视为我们这个时代的根本承诺，但在许多领域，自由似乎正在消退，比如许多公民认为他们对政府几乎没有控制权或话语权。在发达民主国家，许多选民投票不是因为相信自己的声音会被听到，而是在反对一个不再承认自治权利的体制。同时，消费者选择的自由却呈指数级增长，导致许多人因为永远无法满足的欲望而背负债务。作为公民，我们既无力控制政治领袖，也无力控制自己的欲望。在自由主义社会，我们被保证拥有公民权利，但在政治上却软弱无力，所谓"选择的自由"只是更深层次的束缚。我们可以选择开什么车，但很少有机会选择能否不在无聊中度过大部分生命。尽管存在疑虑和不满，我们仍然基本相信自由主义宣称的自由是现实。

迈向后自由主义时代的一个步骤是人们要意识到，虽然自由主义最初吸引人是因为其值得称赞的理想，但它的成功往往是通过扭曲这些理想来实现的。自由主义的支持者经常把将女性从不平等中解放出来作为一个成功的例子，认为任何批评自由主义的声音都是想把女性推回到自由主义之前的束缚状态。然而，这种解放女性的主要实际结果是让许多女性进入市场资本主义的劳动力大军，而像温德尔·贝里这样的传统主义者和南希·弗雷泽（Nancy Fraser）这样的马克思主义政治理论家都认为这种解放是非常值得怀疑的。① 美国早期的流行观点几乎被人遗忘，即自由不仅是免于国王的专制，也包括免于雇主的专断。如今，我们认为女性解放的最重要标志是她们越来越多地从生物限制中解脱出来，这使她们能够服务于不同的、无实体的"企业"美国，并参与到一个实际上抵消了任何真正的政治自由的经济秩序中。自由主义认为将女性从家庭中解放出来就等于解放，但它实际上是将女性和男性都置于一种更加全面的束缚之中。

自由主义兴起于对一系列崇高政治理想的诉求，却导致了新的、全面的堕落。用不那么仁慈的说法，就是自由主义的奠基者们有意挪用了原本被广泛共享的政治理想，并颠覆它们，使那些最能从新定义的自由、民主和共和主义中获利的人受益。② 承认自由主义的成功，意味着既要承认其最初吸引力的合法性，又要

---

① Wendell Berry, "Feminism, the Body and the Machine," in *What Are People For?* (New York: North Point, 1990); Nancy Fraser, *Fortunes of Feminism: From State-Managed Capitalism to Neo-Liberal Crisis* (New York: Verso, 2013).
② Cavanaugh, "'Killing for the Telephone Company.'"

认识其失败的更深层原因。这意味着要提供公民和个人自治所需的真正人类自由，而不是那种结合了系统性无权、消费主义和性自由的"自主"幻觉的替代版本。自由主义既是西方理想的恩赐，也是灾难，也许它是一个必须经历的阶段。它的失败、虚假承诺和未实现的愿景将引导我们走向更好的事物。

意识形态的终结

自由主义诞生于"顺应人性"（take men as they are）的口号，旨在建立一种基于对人性有清醒认知的现实主义新政治。然而，它那"顺应人性"的主张却基于一个虚构的前提，即处于自然状态下的极端自主的人类。围绕这种扭曲的人性观塑造的政治、社会和经济秩序成功地改造了人类，使其与这种形象相符，但却产生了可预见的后果，即将人们从现实生活的关系中脱离出来。自由主义一直鼓吹人类"应该"如何生活，但却伪装成中立，掩盖了这些规范性理念。和其他意识形态竞争对手一样，它也召唤了庞大的政治和经济机器来实现其愿景，并在这一过程中重塑和损害了人类。更人性化的政治必须避免用一种意识形态取代另一种意识形态的诱惑。政治和人类社群必须自下而上，从经验和实践中逐步形成。

自由主义最具破坏性的虚构之一就是社会契约论的政治授权说，它描绘了一个虚构的情境：自主、理性的人们经过计算和衡量，缔结了抽象的契约，建立政府，而这个政府的唯一目的就是"保障权利"。这种同意观将所有"非选择性"的社会形式和关系归类为"专制的"，因此是可疑甚至是非法的。当下的自由主义已经成功地从一项政治工程扩展为一项社会甚至家庭工程，企图瓦解所有社会纽带。当自由主义面临更大的挑战，尤其是那些从根本上拒绝自由主义前提的宗教机构时，我们目睹到政府越来越明显且积极地推进其力量，试图控制宗教和家庭的实践和信仰。①

自由主义的核心观点是，一个人只有在完全独立自主的情况下，才能同意建立任何关系或联系。只有这样才能有意识地、有目的地参与到功利主义的社会关系中，并且在不满意时能够重新塑造这些关系。我记得在普林斯顿大学教书的时候，我和一些同事讨论了一本关于阿米什人的新书，那次对话让我感到非常不安。我们讨论的是他们的"奔波"（Rumspringa）习俗，就是让刚成年的年轻人离开社群一段时间，去体验现代社会提供的一切。②这个分离期通常有一年左右，然后年轻人必须在两种生活方式之间做出选择。绝大多数人——将近90%，会选择回到阿米什人的社群，接受洗礼和社群的规则，而这些规则限制他们享受现代社

---

① 除了奥巴马政府将宗教自由狭隘地定义为"崇拜自由"的激进努力之外，还可以考虑一下以自由主义的政治术语定义父母与子女的关系，从而将他们置于国家监督之下的努力。这方面的文献可参考 Samantha Goldwin, "Against Parental Rights," *Columbia Law Review* 47, no. 1 (2015)。

② Tom Shachtman, *Rumspringa: To Be or Not to Be Amish* (New York: North Point, 2007).

会的乐趣。我的一些前同事认为这不是年轻人作为自由个体做出的"选择"。其中一位说："我们必须考虑如何解放他们。"完美的自由主义同意需要完全解放的个体，而阿米什青年对家庭、社群和传统的依恋表明他们并没有真正的自由。

自由主义对家庭、宗教、文化这些联系持怀疑态度，却没意识到它自己塑造年轻一代的方式也是在强迫他们接受特定的生活、信仰和世界观，而这些从未被自由主义之外的标准评价过。阿米什人的传统文化（也可以举其他例子）给年轻人选择权，决定是否留在这个文化中，但只有回归主流社会才被认为是真正行使了选择权。对自由主义的默认接受，不管多么不经思考，都被看作是"默认同意"，而加入传统社群却被视为"压迫"或"假同意"。

在这种双重标准下，宗教、文化和家庭身份都被视为个人出生时的偶然。然而，对当代西方社会乃至全世界的人来说，自由主义也是一种无意识继承的东西，任何替代方案都被视为可疑，甚至可能需要自由主义的干预。自由主义进一步忽视了文化本身的深层同意形式。文化和传统是世代积累的实践和经验的产物，这些经验是自愿积累和传承的，作为礼物送给后代。这种继承是深层次自由的结果，是与世界和他人代际互动带来的自由。它是实践积累的结果，后代可以根据他们的经验和实践来改变它。

维持现有文化和宗教习俗，建立新的社群，需要比现在对自由主义的被动接受更强的责任感。这很有讽刺性（也可以说这是自由主义时代的一个好处），现在正是自由主义在无形中塑造了一个缺乏反思的群体，而新文化的形成需要有意识的努力、审议、反思和同意。在自由主义越来越敌视自我强加的限制和约束（特别是，但并不仅仅是，在个人和性自主领域）的时代，许多人认为这种立场是对自由主义的背叛，而非其巅峰，对于宗教社群来说尤其如此。但正是这种冲突，通过展示自由主义不惜一切代价重塑世界以符合自身形象的程度，凸显了在自由主义暮年的废墟之外建立替代性社群和新文化的必要性。

后自由主义实践的兴起与理论的新生

已经有越来越多的迹象表明，人们渴望一种系统性的替代方案，来对抗自由主义提供的那种冷酷、官僚和机械化的世界。这种渴望在正统宗教传统的遗民身上尤为明显，不仅存在于像阿米什人这样自给自足的社群中，而且在不断壮大的天主教、新教、犹太教等国际化宗教运动中也越来越明显。人们对罗德·德雷埃尔（Rod Dreher）在《本尼迪克特选项》（*The Benedict Option*）中提出并探讨的"本尼迪克特选项"也越来越感兴趣。[①] 在一些没有特定宗教信仰的人身上，同样可以看到关怀、耐心、崇敬和谦逊等品行的积累，这些人和那些虔信者一样，正在家庭、当地

[①] Rod Dreher, *The Benedict Option: A Strategy for Christians in a Post-Christian Nation* (New York: Sentinel, 2017).（本尼迪克特是中世纪早期最重要的修道院章程制定者。德雷埃尔在此书中号召基督徒退出世俗社会，重新过上中世纪式的修道院生活，即"本尼迪克特选项"。——译者注）

社区和市场中重新发现旧习俗,并创造新的习俗,以培育新的文化形式,而这些正是自由主义试图根除的东西。①

这些努力通常被称为反主流文化运动(counterculture),但它们更应该把自己理解为反-反文化运动(counter-anticulture)。在当今的反文化氛围中建设新文化是一项巨大的挑战,因为现代自由主义不仅制造了一片文化荒漠,而且还极力打击竞争对手。文化是自下而上建立的,就像一个有机体一样,它通过代代相传的方式维持着自己的"DNA"。有意识地努力建立一种新的文化,实际上与文化习俗更具有机性的起源和发展相矛盾。然而,修复被自由主义严重破坏的文化景观所需的独特环境要求一些新的东西。讽刺的是,考虑到自由主义留给我们的默认的基于选择的哲学,未来可能哺育出的非唯意志论的文化景观,必须从唯意志论的意图、计划和行动中诞生。

我们得着重于建立和维护社群文化活动,培养家庭经济和城市生活,或者说是公民共同参与的自治形式。这些做法都旨在抵制自由主义营造的那些抽象、没有人情味的本地环境,从中产生记忆和相互间的义务。虽然文化最直接的培养和传承是在家庭里,但它是在由家庭组成的社群中发展起来的,特别注重那些围绕出生、成年、结婚和死亡的仪式。文化会考虑到本地环境,通常从本地的地理和历史中得到灵感和营养。它通过故事和歌曲把记忆

---

① Shannon Hayes, *Radical Homemakers: Reclaiming Domesticity from a Consumer Culture* (Left to Right, 2010).

一代代传下去，不是好莱坞或麦迪逊大道包装的那种，而是来自特定地方的声音。正如"文化"（Culture）这个词所暗示的，它总是和"崇拜信仰"（cult）联系在一起。由此我们能够理解乡土是与普遍、永恒、神性和崇高联系在一起的，并最终将这些表达出来。只有这样的实践才能产生真正的多样性，即多元但根植于跨文化的人类真理，并因此得到许多人的赞美。

反-反文化运动也需要发展以"家庭经济"为中心的经济活动，就是那些支持家庭兴旺的经济习惯，这些习惯反过来又把家庭变成小型经济体。实用性和便利性应该被抛弃，取而代之的是重视本地知识和技艺的实践。自己动手做事的能力——通过自己和孩子的手为家庭提供必需品，应该比消费和浪费更受重视。建造、修理、烹饪、种植、腌制和堆肥的技能不仅支撑家庭的独立性和完整性，还能培养出作为文化和共同公民生活基本来源的实践和技能。它们教会每一代人认识自然的需求、恩赐和局限，人类参与和庆祝自然界的节律和模式，并且远离现代市场虚假的自由导致的破坏文化的无知和懒惰。

和家庭经济技艺相伴的是一个更大的挑战，就是尽量减少参与现代经济中的抽象和非人格化活动。在家庭中学到的技能和性格倾向应该扩展到家庭经济，在这种经济中，友谊、地理和历史都是经济交易中的重要因素。重视匿名性的经济会培养出无法正确看待、理解和讨论彼此以及与世界之间关键关系的公民。我们的经济鼓励人们对商品的来源和去向普遍无知，这种无知反过来又会在消费狂潮中助长冷漠。就像自由主义政治一样，自由主义经济只关注短期利益，因此缩小了我们的时间视野，排斥了对过去的了解和对未来的关注。这样的经济会创造只为当下而活的债务人，他们确信儿孙自有儿孙福，以一种透支未来的消费方式消耗当今的地球资源。相比之下，地方市场会培养时间意识和基于地方的关系，并必然引导我们超越个人的算计。买卖双方交易时，会意识到他们的关系如何有助于建立一个更好的社群，并意识到一些利润将被重新投资于家乡，造福朋友、邻居和尚未出生的下一代。

更加重视家庭经济和地方交流，必须伴随着更大的政治自治。如今，我们用投票年龄人口的投票率来衡量政治健康状况，尽管这个比例在过去几次选举中有所增长，但即使是这个所谓的公民健康标志也徘徊在50%至60%之间。然而，全国范围内对总统选举的痴迷，以及将政治对话和辩论简化为争论联邦政府产生的问题，更多地表明的是公民社会的病态而非健康。政治在很大程度上沦为一项旁观运动，被包装成供消极大众消遣的娱乐节目。选举让人们产生了一种自治的假象，但其主要功能是满足残存的公民冲动，然后让我们重新回到作为雇员和消费者的生活中。

托克维尔在1820年代后期访问美国时，惊叹于美国人自己动手解决政治问题的精神。不像他那些被动顺从中央贵族秩序的法国同胞，美国人会毫不犹豫地在当地集会解决问题。在这个过程中，他们学会了"结社的技艺"。他们对遥远的中央政府漠不关心，而中央政府当时拥有的权力也相对较少。托克维尔写道，当地的乡镇政府是"民主主义的课堂"，他赞扬公民们致力于确保共同生活的福祉，这不仅是为了实现目标，更是为了培养习惯和习俗，并为公民自身带来有益的改变。他认为，公民参与的最大好处不在于其对世界的影响，而在于它对参与公民生活的人们之间的关系的影响："当使公民们全都参加国家的治理工作时，他们必然走出个人利益的小圈子，有时还会放弃自己的观点。一旦人们都去参加公共的工作，每个人都会发现自己不能像最初以为的那样可以离开他人而独立，而为了得到他人的帮助，自己就得经常准备帮助他人。"[1]

在一段时间里，这些实践会在那些有意识建立的社群里发展，这些社群会得益于自由社会的开放性。它们会在自由主义的框架内被看作一种选择，尽管在更广泛的文化里会受到怀疑，但只要它们不对自由主义秩序的主要运作构成威胁，基本上就会被允许存在。然而，正是从这些社群中学到的东西，可能会产生一套可行的后自由主义政治理论，这套理论基于完全不同的人类学假设，这些假设不是基于假定的自然状态，也不是以一个全球性的国家和市场为终点，而是建立在人的关系、社会性和学会为了他人而不是抽象的人性牺牲个人利益的能力上。随着自由主义秩序的消失，这些反主流文化运动将不再被看作"选项"，而是必需品。

---

[1] Tocqueville, *Democracy in America*, p. 510. (译文引自《论美国的民主（下卷）》，第687—688页。——译者注)

然而，在自由主义既取得胜利又走向衰亡之后，我们必须抑制住设计一种新的、更好的政治理论的冲动。追求完整的理论正是最初导致自由主义及其继任意识形态产生的原因。呼吁恢复文化和人文教育，限制个人主义和国家主义，以及限制自由主义的技术，无疑会引起人们的怀疑。人们会要求得到全面的保证，即预先防止因种族、性取向和族裔偏见而产生的不平等和不公正现象，并依法防止地方独裁或神权统治的出现。这种要求总是导致自由主义霸权的扩大，同时伴随着沾沾自喜的自夸，认为我们比以往任何时候都更加自由和平等，即使我们越来越受到国家和市场扩张的影响，并且对自己的命运失去更多的控制力。

到目前为止，我们应该考虑这样一种可能性，即自由主义通过加剧不平等，并以确保平等和自由的名义限制自由，来继续扩张其全球统治。但也许还存在另一种方式，那就是从善意的人们开始，以不同于自由主义最想培养的那种无根基和非人格化生活的方式，形成独特的反主流文化社群。随着自由主义的顶点变得更加清晰可见，随着其内在的失败将更多的人抛入经济、社会和家庭的不稳定和不确定性之中，随着人们越来越多地发现，我们所谓不断完善的自由状态让我们变得既"独立"又"软弱"，正如托克维尔所预言的那样，那些曾经认为这些实践社群奇怪和可疑的人，将越来越把它们视为灯塔和野战医院。从替代性社群形式的工作和榜样中，最终可能会产生一种不同的政治生活体验，它根植于实践和共享自治的相互教育。

我们今天需要的是在本地环境中培养的实践，这些实践专注于创造新的、可行的文化，根植于家庭内部的技艺经济，以及公民城邦生活的创造。我们需要的不是更好的理论，而是更好的实践。这样的状态和它所鼓励的不同哲学，最终可能配得上"自由"的称号。经过一个长达500年，现在已经结束的哲学实验，我们已经为重建一个更美好的社会铺平了道路。对当今人类自由的最大证明，在于我们想象和建立后自由主义自由的能力。

参考书目

Arendt, Hannah. *The Origins of Totalitarianism*. New York: Harcourt, Brace, 1951.

Bacon, Francis. *Of the Advancement of Learning*. In *The Works of Francis Bacon*, 14 vol, ed. James Spedding, Robert Leslie Ellis and Douglas Denon Heath. London: Longmans, 1879.

——. *Valerius Terminus, "Of the Interpretation of Nature."* In Spedding, Ellis and Heath, *The Works of Francis Bacon*.

Barringer, Felicity, and John M. Broder. "E.P.A. Says 17 States Can't Set Emission Rules." *New York Times*, December 20, 2007.

Berry, Wendell. "Agriculture from the Roots Up." In *The Way of Ignorance: And Other Essays*. Emeryville, CA: Shoemaker and Hoard, 2005.

——. "Faustian Economics: Hell Hath No Limits." *Harper's*, May 2008, 37–38.

———. "Feminism, the Body and the Machine." In *What Are People For?* Berkeley, CA: Counterpoint, 1990.

———. *The Hidden Wound*. Boston: Houghton Mifflin, 1970.

———. *Sex, Economy, Freedom, and Community: Eight Essays*. New York: Pantheon, 1994.

Bishop, Bill. *The Big Sort: Why the Clustering of Like-Minded America Is Tearing Us Apart*. New York: Houghton Mifflin Harcourt, 2008.

Bloom, Allan. *The Closing of the American Mind: How Higher Education Has Failed Democracy and Impoverished the Souls of Today's Students*. New York: Simon and Schuster, 1987.

Boorstin, Daniel J. *The Republic of Technology: Reflections on Our Future Community*. New York: Harper and Row, 1978.

Brennan, Jason. *Against Democracy*. Princeton: Princeton University Press, 2016.

———. "The Problem with Our Government Is Democracy." *Washington Post*, November 10, 2016.

Burke, Edmund. *Reflections on the Revolution in France*, ed. J. G. A. Pocock. 1790; Indianapolis: Hackett, 1987.

Caplan, Bryan. *The Myth of the Rational Voter: Why Democracies Choose Bad Policies*. Princeton: Princeton University Press, 2007.

Carr, Nicholas G. *The Shallows: What the Internet Is Doing to our*

Brains. New York: Norton, 2010.

Cavanaugh, William T. " 'Killing for the Telephone Company' : Why the Nation-State Is Not the Keeper of the Common Good." In *Migrations of the Holy: God, State, and the Political Meaning of the Church*. Grand Rapids, MI: Eerdmans, 2011.

Cowen, Tyler. *Average Is Over: Powering America Past the Age of the Great Stagnation*. New York: Dutton, 2013.

Crawford, Matthew. *Shop Class as Soul Craft: An Inquiry into the Value of Work*. New York: Penguin, 2010.

Croly, Herbert. *The Promise of American Life*. 1909; Cambridge: Harvard University Press, 1965.

Deneen, Patrick. "Against Great Books: Questioning our Approach to the Western Canon." *First Things*, January 2013.

Dewey, John. *The Early Works of John Dewey, 1882–1898*. Vol. 5, ed. Jo Ann Boydston. Carbondale: Southern Illinois University Press, 1967–72.

———. *Individualism, Old and New*. 1930; Amherst, NY: Prometheus, 1999.

———. *The Public and Its Problems*. 1927; Athens, Ohio: Swallow, 1954.

———. *Reconstruction in Philosophy*. London: University of London Press, 1921.

Dionne, E. J., Jr. *Why Americans Hate Politics*. New York: Simon and Schuster, 1992.

Dreher, Rod. *The Benedict Option: A Strategy for Christians in a Post-Christian Nation*. New York: Sentinel, 2017.

Dunkelman, Marc J. *The Vanishing Neighbor: The Transformation of American Community*. New York: Norton, 2014.

Figgis, John Neville. *Studies of Political Thought: From Gerson to Grotius*. Cambridge: Cambridge University Press, 1907.

Firestone, Shulamith. *The Dialectic of Sex: The Case for Feminist Revolution*. New York: Bantam, 1971.

Fish, Charles. *In Good Hands: The Keeping of a Family Farm*. New York: Farrar, Straus and Giroux, 1995.

Foucault, Michel. *The Order of Things: An Archaeology of the Human Sciences*. New York: Vintage, 1994.

Fraser, Nancy. *Fortunes of Feminism: From State-Managed Capitalism to Neo-Liberal Crisis*. New York: Verso, 2013.

Friedman, Jeffrey. "Democratic Incompetence in Normative and Positive Theory: Neglected Implications of 'The Nature of Belief Systems in Mass Publics.'" *Critical Review* 18, nos. 1–3 (2006): i–xliii.

Friedman, Thomas L. *The Lexus and the Olive Tree*. New York: Farrar, Straus and Giroux, 1999.

Fromm, Erich. *Escape from Freedom*. New York: Farrar and Rinehart, 1941.

Fukuyama, Francis. "The End of History?" *National Interest*, Summer 1989.

——. *The End of History and the Last Man*. New York: Free Press, 1992.

——. *Our Posthuman Future: Consequences of the Biotechnology Revolution*. New York: Farrar, Straus and Giroux, 2002.

Galston, William. "The Growing Threat of Illiberal Democracy." *Wall Street Journal*, January 3, 2017.

Gardner, Stephen. "The Eros and Ambitions of Psychological Man." In Philip Rieff, *The Triumph of the Therapeutic: Uses of Faith after Freud*, 40th anniversary ed. Wilmington, DE: ISI, 2006.

Goldwin, Samantha. "Against Parental Rights." *Columbia Law Review* 47, no. 1 (2015).

Gregory, Brad S. *The Unintended Reformation: How a Religious Revolution Secularized Society*. Cambridge: Belknap Press of Harvard University Press, 2012.

Habermas, Jürgen. *Legitimation Crisis*, trans. Thomas McCarthy. Boston: Beacon, 1975.

Hanson, Victor Davis, and John Heath. *Who Killed Homer: The Demise of Classical Education and the Recovery of Greek*

Wisdom. New York: Free Press, 1998.

Havel, Vaclav. "The Power of the Powerless." In *Open Letters: Selected Writings, 1965–1990*. New York: Vintage, 1992.

Hayek, F. A. *The Constitution of Liberty*, ed. Ronald Hamowy. Chicago: University of Chicago Press, 2011.

Hayes, Shannon. *Radical Homemakers: Reclaiming Domesticity from a Consumer Culture*. Left to Right, 2010.

Hobbes, Thomas. *Leviathan*, ed. Edwin Curley. 1651; Indianapolis: Hackett, 1994.

———. *On the Citizen*, ed. and trans. Richard Tuck and Michael Silverthorne. 1642 Cambridge: Cambridge University Press, 1998.

Jefferson, Thomas. *A Summary View of the Rights of British America. Set Forth in Some Resolutions Intended for the Inspection of the Present Delegates of the People of Virginia. Now in Convention. By a Native, and Member of the House of Burgesses*. Williamsburg: Clementina Rind, 1774.

Josselson, Ruthellen. "The Hermeneutics of Faith and the Hermeneutics of Suspicion." *Narrative Inquiry* 14, no. 1 (2004): 1–28.

Jouvenel, Bertrand de. *The Pure Theory of Politics*. Indianapolis: Liberty Fund, 2000.

Kerr, Clark. *The Uses of the University*, 5th ed. Cambridge: Harvard University Press, 2001.

Korn, Sandra Y. L. "The Doctrine of Academic Freedom." *Harvard Crimson*, February 18, 2014.

Kronman, Anthony. *Education's End: Why Our Colleges and Universities Have Given Up on the Meaning of Life*. New Haven: Yale University Press, 2006.

Lasch, Christopher. *The Revolt of the Elites and the Betrayal of Democracy*. New York: Norton, 1994.

——. *The True and Only Heaven: Progress and Its Critics*. New York: Norton, 1991.

Lepore, Jill. "Oh, Julia: From Birth to Death, Left and Right." *New Yorker*, May 7, 2012.

Levin, Yuval. *The Great Debate: Edmund Burke, Thomas Paine, and the Birth of Right and Left*. New York: Basic, 2014.

Levy, Stephen. "GU NAACP President Discusses Diversity Issues." *Hoya*, October 19, 2010.

Lipset, Seymour M. *Political Man: The Social Bases of Politics*. Garden City, NY: Doubleday, 1960.

Locke, John. *Second Treatise of Government*, ed. C. B. MacPherson. 1689; Indianapolis: Hackett, 1980.

Lukianoff, Greg, and Jonathan Haidt. "The Coddling of the American

Mind." *Atlantic*, July 2015.

Machiavelli, Niccolò. *The Prince*, ed. and trans. David Wooton. Indianapolis: Hackett, 1995.

Marche, Stephen. "Is Facebook Making Us Lonely?" *Atlantic*, May 2012.

Marglin, Stephen. *The Dismal Science: How Thinking Like an Economist Undermines Community*. Cambridge: Harvard University Press, 2008.

Marks, Jonathan. "Conservatives and the Higher Ed 'Bubble.' " Inside Higher Ed, November 15, 2012.

McIlwain, Charles Howard. *Constitutionalism, Ancient and Modern*. Ithaca, NY: Cornell University Press, 1940.

——. *The Growth of Political Thought in the West: From the Greeks to the End of the Middle Ages*. New York: Macmillan, 1932.

McWilliams, Wilson Carey. "Democracy and the Citizen: Community, Dignity, and the Crisis of Contemporary Politics in America." In *Redeeming Democracy in America*, ed. Patrick J. Deneen and Susan J. McWilliams. Lawrence: University Press of Kansas, 2011.

——. "Politics." *American Quarterly* 35, nos. 1–2 (1983): 19–38.

Mendelson, Nina. "Bullies along the Potomac." *New York Times*, July 5, 2006.

Mill, John Stuart. "Considerations on Representative Government." In *On Liberty and Other Essays*, ed. John Gray. Oxford: Oxford University Press, 2008.

Murray, Charles A. *Coming Apart: The State of White America, 1960–2010*. New York: Crown Forum, 2012.

Nieli, Russell K. "How Diversity Punishes Asians, Poor Whites, and Lots of Others." Minding the Campus, July 12, 2010.

Nisbet, Robert A. *The Quest for Community: A Study in the Ethics of Order and Freedom*. Wilmington, DE: ISI, 2010.

"No Longer the Heart of the Home, the Piano Industry Quietly Declines." *New York Public Radio*, January 6, 2015.

Oakeshott, Michael. *The Politics of Faith and the Politics of Scepticism*. New Haven: Yale University Press, 1996.

——. *Rationalism in Politics and Other Essays*. New York: Basic, 1962.

Polanyi, Karl. *The Great Transformation: The Political Origins of Our Time*. 1944; Boston: Beacon, 2001.

Polillo, Simone. "Structuring Financial Elites: Conservative Banking and the Local Sources of Reputation in Italy and the United States, 1850–1914." Ph.D. diss., University of Pennsylvania, 2008.

Postman, Neil. *Technopoly: The Surrender of Culture to Technology*. New York: Vintage, 1993.

Purcell, Edward A. *The Crisis of Democratic Theory: Scientific Naturalism and the Problem of Value*. Lexington: University Press of Kentucky, 1973.

Putnam, Robert D. *Our Kids: The American Dream in Crisis*. New York: Simon and Schuster, 2015.

Putnam, Robert D., and David E. Campbell. *American Grace: How Religion Divides and Unites Us*. New York: Simon and Schuster, 2010.

Rauschenbusch, Walter. *Theology for the Social Gospel*. 1917; Louisville, KY: Westminster John Knox Press, 1997.

Reed, Matt. "Remember the Canon Wars?" Inside Higher Ed, April 11, 2013.

Reich, Robert B. "Secession of the Successful." *New York Times*, January 20, 1991.

Robinson, Brett T. *Appletopia: Media Technology and the Religious Imagination of Steve Jobs*. Waco, TX: Baylor University Press, 2013.

Root, Damon. *Overruled: The Long War for Control of the U.S. Supreme Court*. New York: St. Martin's, 2014.

Schumacher, E. F. *Small Is Beautiful: Economics as if People Mattered*. New York: Harper and Row, 1975.

Shachtman, Tom. *Rumspringa: To Be or Not to Be Amish*. New

York: North Point, 2007.

Shepard, Walter J. "Democracy in Transition." *American Political Science Review* 29 (1935).

Shiffman, Mark. "Humanity 4.5," *First Things*, November, 2015.

Siedentop, Larry. *Inventing the Individual: The Origins of Western Liberalism*. Cambridge: Harvard University Press, 2014.

Sigmund, Paul E. *Natural Law in Political Thought*. Lanham, MD: University Press of America, 1981.

Silver, Lee M. *Remaking Eden: Cloning and beyond in a Brave New World*. New York: Avon, 1997.

Snow, C. P. *The Two Cultures*. Cambridge: Cambridge University Press, 1965.

Solzhenitsyn, Aleksandr. "The World Split Apart." In *Solzhenitsyn at Harvard*, ed. Ronald Berman. Washington, DC: Ethics and Public Policy Center, 1980.

Thomas, Richard H. "From Porch to Patio." *Palimpsest*, August 1975.

Tierney, Brian. *The Idea of Natural Rights: Studies on Natural Rights, Natural Law, and Church Law, 1150–1625*. Grand Rapids, MI: Eerdmans, 1997.

Tocqueville, Alexis de. *Democracy in America*, trans. George Lawrence. New York: Harper and Row, 1969.

Tuck, Richard. *Natural Rights Theories: Their Origins and Development.* Cambridge: Cambridge University Press, 1982.

Turkle, Sherry. *Alone Together: Why We Expect More from Technology and Less from Each Other.* New York: Basic, 2011.

Twelve Southerners. *I'll Take My Stand: The South and the Agrarian Tradition.* New York: Harper, 1930.

Vargas Llosa, Mario. *Notes on the Death of Culture: Essays on Spectacle and Society.* New York: Farrar, Straus and Giroux, 2015.

Vermuele, Adrian. *Law's Abnegation: From Law's Empire to the Administrative State.* Cambridge: Harvard University Press, 2016.

Winthrop, John. "A Model of Christian Charity." In *The American Puritans: Their Prose and Poetry*, ed. Perry Miller. New York: Columbia University Press, 1982.

Zakaria, Fareed. *The Future of Freedom: Illiberal Democracy at Home and Abroad.* New York: Norton, 2007.

———. "The Rise of Illiberal Democracy." *Foreign Affairs,* November–December, 1997.

译后记

帕特里克·德尼恩是当代美国深具影响力的保守主义学者之一。他目前是圣母大学政治学系教授，曾任职于普林斯顿大学、乔治城大学与美国新闻署。本书是他最著名的作品，初版于2018年，在美国引发了巨大反响，现已被译为德、法、日、韩等十余种文字，对当今美国保守主义与社群主义思想产生了很大影响。即便是美国前总统奥巴马也承认："虽然我不同意此书的许多结论，但我同意它指出了自由民主国家的内在缺陷。"

近代以来，自由主义构成了所谓"政治近代化"的基础，自由主义几乎成了西方所谓"现代政治"的隐含假设：自然状态下拥有一系列"自然权利"的个体为了维持秩序、保护财产与生命而缔结社会契约，形成政府。这是西方古典自由主义者与西方进步自由主义者共同承认的前提，区别仅仅在于西方古典自由主义者（或当今语境下的某些"保守主义者"）依然坚持守夜人国家的理想，而如今的西方进步自由主义者相信，他们可以积极地，以一种科学的想象，去干涉一切领域。

然而，当冷战的红利消耗殆尽后，越来越多的人意识到，自由主义并非"历史的终结"，它在冷战中的胜利也给自己埋下了祸根：诚如德尼恩所说，自由主义是一种无时间感、无空间感，也无边界感的主张，它表面上尊重个人与社会的多样性，却以"自然权利"的假设导致了个人的同质化与原子化，由此催生了当今社会如传染病一般蔓延的自恋症、孤立感与心理疾病。自由主义导致的社会组织瓦解与文化解体，使社会成员越发直接暴露在国家机器之下，诉诸政治强制而非社会规范加以解决的问题越来越多，使得社会泛政治化与意识形态极化的问题越发严重。虚无主义的颓废如同精神败血症一般肆虐，使人们急切寻求各色意识形态和标签来彰显空洞的自我，也基于这些标签而相互冲突。而在全球化大背景下，以自由主义名义推广的激进市场化与代议制民主，也被证明忽略了不同社会文化可能造成的影响，因而产生了诸多问题，并沦为金融资本在全球范围内掠夺牟利的工具。自由主义承诺"自由、平等与繁荣"，却在过去的数十年里极大地加剧了不平等，使人们丧失了免于金融资本主义、政治意识形态与激进社会运动掠夺、侵扰的自由，并形成了一种新的，甚至更加封闭的精英统治，走向了其自身的反面。

归根结底，自由虽是一种值得珍视的价值，但远非人类所需的全部，更不真正符合"自然状态"，也非"天赋权利"。人并非生而自由，而是生而就处在一定的社会关系当中，需要学会尊重同侪、理解规则，并对常识与经验保持应有的敬畏，需要学会脱离幼稚的唯我论陷阱，否则共同体的生活就片刻无法延续。人类理性与自愿选择原则同样是珍贵的，但并不完全适用于复杂的社会生活，也不可能满足人类对归属感与认同感的丰富需求。自由主义将政治实践与社会生活建立在对人类本性的虚幻想象当中，宣扬一种盲目的自恋，自然会遭到挫败。面对"除了自由一无所有"的现实窘迫，面对被碎片化时空驱逐得漂泊无依的身份，面对被解构得七零八落的精神生活和被无限强调的自我赋权，面对着越发脱离共同体生活的冷漠的精英，感到空前失落的民众只能选择"逃避自由"，这也正是如今百鬼夜行，全球民粹主义势力高涨，全球化遭遇挫败的重要原因。

面对自由主义的失败，我们应当谨记德尼恩的主张：不应用另一种意识形态取代一种失败的意识形态。在漫长的人类文明史中，无论经济还是政治，都是嵌入社会的一部分，而非经济原则或政治意识形态凌驾于社会之上。经济发展与运行应当服务于社会需要；而良善的政治应当首先是一种温和的公共生活，它基于人们可感可见的日常生活，尊重人类天然的社会性，尊重社会的需求，而非沦为轻率地改造社会的工具，或沦为单纯的作秀展览、投票游戏的一出出政治活剧，乃至成为多数强行压服少数的手段，最终酿成悲剧。

良好的政治或值得向往的社会生活，无不扎根于真实的历史与具体的环境中，产生于脚踏实地的行动，而非玄虚的高谈阔论。世上也不存在普遍适用于一切国家的社会与政治模式，每个国家